JN103594

衝撃！日本の古代史

尾関 郁

目次

1

〔1〕 科学的に三国志を読むとあの国へ

「あの国」とは言うまでもなく卑弥呼の国のことです。西暦 284 年頃に東アジアの晋国の陳寿(チンジュ)が書いた三国志の倭人の節(「魏志倭人伝」は通称です。本書では章・節を使います)に行き方が示されていて、科学的に読めば誰もがそこに導かれるはずです。それなのに一つでも特徴が似ている個所があると候補地として名乗るので、候補地はなんと 50 ものにのぼってしまいました。

ところで漢字の発音の仕方には漢音、呉音、魏音(まだ広く認められていません)、古韓音(昔、韓半島で使われていたとする発音)、倭音または上古音(昔の日本語音)などがあって、その中で地名には呉音が多く用いられています。古代の地名の読み方は録音を聞くことは不可能ですから絶対に正しい、逆に絶対間違いとは断定できません。いうなればその人の自由ということになります。でも、「山」を「かわ」という具合に発音されては混乱を招きますので、それなりの根拠が求められるものでしょう。地名は呉音が多いので、本書では呉音を基本の読みとします。

三国志の原典の完本は見つかっておらず、一般的には 1162 年に書き写された紹興本(しょうこうぼん)と 1194 に書き写された紹熙本(しょうきぼん)が使われおり、これらには「邪馬壹国」、そして後漢書には「邪馬臺国」と書かれていて、「いち」か「たい」をめぐり読み方が争われています。本書では原文紹介で「邪馬壹国」、説明は「邪馬台国」を使うことにします。発音は「やまたいこく」でもなければ「やまいちこく」でもなく、呉音を用いる方針に従った新しい読み方にしたいと思います。それはまた後ほどに。

一、三国志の文を読む前のウォーミングアップ

1)漢字の使い方の厳密性とアバウト性

　東アジアの大陸の古代人は少しでも異なった意味を表すために文字の画数を増やしたり、新しい字を作ったりしてきました。たとえば「糴」は米を買いに行く意味で、「糶」は米を売りに行く意味のように、文字の一部の「入」と「出」を変えてかなり<u>厳密に漢字を使い分</u>けています。しかし、アバウトな面もあります。健康診断には体温と血圧、電気には電圧と電流、気象には気温と気圧とがあるように、行程には距離と方角が<u>基本要素</u>です。**距離**では周時代の太陽の傾きから計算する周髀算経(しゅうひさんけい)が定める 76 メートルの便宜上の短里説と、漢時代に定められたとする 435 メートルの便宜上の長里説の二つがありますが、論より証拠、『真理は具体的個別的』という原則に従って中国歴史地図で測れば解決します。筆者が調べた三国志の 16 個所の記述から一応 1 里を 100〜130 メートルの範囲とします。今後は、真理追究の原則『真理は相対的』に従い縮尺率の小さい地図で、より真理に近づく調査を皆さんに期待しています。

　　方角については三国志の「東北」と記す文の中で一番東に近い洛陽―襄平と一番北に近い洛陽―代の幅がおよそ **60 度**あることから、その範囲を<u>方角のアバウト性</u>とします。

　　このようにアバウト性はかなり幅があるのは本文の記述が測量した数値ではなく、その時その場での目測や推測で書かれているからでしょう。ですから正確性を示そうとした妙に細かい計算、記里鼓車・指南車いう計測器で測ったとか天文学が発達していたから正確である、とか正確な地図は軍事機密だから密かに保管したという思

い込みの説は倭人の節での実証性がありません。

　行き方の中に登場する国々の所在地を特定するには、基本要素の距離・方角及び遺跡、地理、生物、習俗などの要素と行き方の記述との整合性を考察する必要があります。

2)わかりきったことは省く

　私たちの日常の会話でもわかりきったことを省くことがありますように、三国志の中でも二度目以後の出現では「孫権」のことを「権」と、「俾弥呼」の「イ偏」を省いて「卑弥呼」と書いたり、ほかに方角を省いたり、隣接する位置の記述には里数を書かなかったりしています。それに現代の日本語でもするように二つの文の主語が同一の場合、すぐ続く文の主語は省くことは言うまでもありません。

3)科学的な読み方とは

　漢字もいろいろな意味を持っていますし、対馬海峡を渡った船もいろいろ考えられます。もちろん説もいろいろありますので、可能な限りあらゆる角度から考察し、一番合理的なものを選ぶやり方がその時点で相対的に最も適切な結論と言えます。もう一つ大切なのは実証性・再現性です。小保方氏は STAPP 細胞の実験で再現性の提示に失敗して研究者として失格の烙印を押されてしまいました。古代史研究の再現性とは考古学では同じ遺物を複数の遺跡で発見すること、文献学では用例を示すことです。実証性は相対的ですので、根拠・用例・再現の数が多いほどより真理に近づくと考えられます。その用例は、まず同じ文献、次に同じ時代の文献、さらには近い時代の文献という具合に探していきます。文字の意味や使い方は時代とともに変わることがありますので、時代が離れた文献ほど信憑性が乏しくなり得ることを留意しなければなりません。冒頭で行き方を科学的

に読めば邪馬台国に導かれると述べましたが、行き方の文だけを眺めていても解読できません。科学的に判断するには三国志の他の部分や他の文献も調べることが求められます。これを手抜きして推測や本文の改ざんに駆られ勝ちですが、できるだけ根拠・データ・資料に基づかない判断は避けるようにしました（つもりですが・・・）。

二、いよいよ本文の解読に取りかかります

　行き方を案内する文は「従郡」から始まり「至邪馬壹国」で終わる長い一つの文で、倭人の節の三番目にあります。本書以外は文の途中で読点を付けて意味をおかしくしています。では行き方の記述を句ごとに区切って読んでいきましょう。

従郡至倭、

「従」は「したがう」という動詞のほかに前置詞の「より、から」の意味もあります。「郡」は「帯方」が省かれており帯方郡です。問題なのは出発点がわからないことです。役所のある郡治、それも沙里院（サリイン）かソウル、海岸に面した集落それとも帯方郡と韓との境界等のどの説も特定できません。「至」は動詞の「至る」と前置詞の「まで」の意味がありますが、「従」が前置詞ですから「まで」が適当でしょう。よって訳は【帯方郡より倭までは、】とします。

循海岸、

「循」は「したがう、寄り添う、沿う、めぐる」などの意味の中で「沿う」がぴったりします。訳は【海岸に沿って進み、】ということになります。ここで出発点に戻りますが、「循海岸」によって海岸の近い所とわかりましたので、開城（ケソン）が有力ではないでしょうか。開城ならば帯方郡太守の名の瓦が出土した沙里院を郡治とすると、そ

こから川に沿って瑞興・平山・金川を通るルートがあるのも重要な根拠と言えます。

水行歴韓国乍南乍東、　　図−１ 推定狗邪韓国への道とアイアン・ロード

前文の「海岸」と「水行（すいこう）」を繋げて「海岸に沿って水行し」と訳すのは、「水行する」という動詞が成り立つのか疑問ですし、「歴韓国」の主語がなくなります。

「水」は水経注や水経という古代文献が川として扱っているし、中国歴史地図によると古代のほとんどの川に

（東潮著「古代東アジアの鉄と倭」（渓水社）の地図に筆者が加筆）

●○▲△は各種鉄鉱の生産地

「水」が付いているところから「川」と解せます。で、漢江（今西龍

は漢水）を遡上して洛東江を下ることになります。しかしこれには異論が出ます。つまり二つの川の間に小白山脈が東西に走っていて、そこを進むのは水行ではなくなるし、しかも卑弥呼への土産を持って険しい山を越えるのは無理だというものです。確かに陸地を進むところもありますが、それは一部であって、全体的に言えば川を進むと言えるでしょうし、また二つの川沿いには鉄鉱石の産出地が散在し、三国志・韓の節に弁辰から楽浪郡・帯方郡へ鉄を運ぶという記述があるのでアイアン・ロードだったと思われます。森浩一監修の本では慶州近辺の遺跡から鹿骨が出ていることから山一帯を高地集落者の猟場と考えられると述べているので、彼らに頼めば山越えの荷物運びは無理ではないでしょう。南アメリカの古代人はマチュピチュ近くの断崖絶壁を削って道にしており、テレビでは今日でも荷を背負って通るところを放映したことからも不可能ではないと思われます。

　次の「行」は間違いやすい文字です。「行く」には「去」を用いますので動詞ではありません。名詞であって行程・行為・行列・一行を意味します。「歴」は幾つかの場所を訪ねることで、「歴韓国」は一つの韓内を数カ所立ち寄るというよりも辰韓・馬韓・弁韓を訪ねる意味に解するのがふさわしいでしょう。「乍（さく）」は「〜たり〜たり、〜するとたちまち、〜あるいは」などの訳を見かけます。三国志にある蛇退治の文（これが八岐大蛇退治の元？）にある「孔乍閉乍開」は「眼を閉じたり開けたり」と訳せますので、「乍南乍東」を「南へ（行ったり）東へ（行ったり）」とします。「水行」を朝鮮半島西の黄海を進む意味で「海を行く」とする訳が多いのですが、これは誤訳と言えます。毎夕には西海岸に立ち寄るのであれば海岸から出発する時の「乍西」と半島の南側では海岸に寄る「乍北」がないので整合しません。

8

もし海岸に立ち寄らないでずっと海を行くとするには水・食料の補給に難がある上、韓を訪れないことになって「歴韓国」とも矛盾します。それに半島の西海岸と南海岸の地形は複雑で岩や島にぶつかる危険が高いことと、西海岸では干潮の際に遠浅になって船が座礁する恐れがあるし、帰り道は半島の南側では対馬海流に逆行するということで長い航海は無理というものです。元寇が拠点とした巨済島を船で通り過ぎて金海辺りに着いてから対馬に向かう遠回りの上垣外憲一説は不合理です。なによりも決定的なのは三国志・呉書には海を進む一行を「海行」としている点です。「水行」には海を進むのも含まれる、と主張するなら用例を提示してください。

　陸コースと海コースを比較すれば、相対的には前者の方が真理に近いと思われます。よって訳は【漢江から洛東江への一行は南へ東へとジグザグしながら三つの韓を歴訪し、】がベターでしょう。

到其北岸狗邪韓国七千里、

　岩元正昭氏は「到」を「曲折があって着く」としており、漢江・洛東江間の小白山脈の山越えが厳しかったことを物語っています。「其」は「倭」を指し、「北岸」とは対馬海峡両岸が倭の領域であった（倭の領域外の

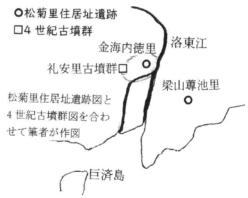

図-2　狗邪韓国の推定所在地

○松菊里住居址遺跡
□4世紀古墳群
金海内徳里
洛東江
礼安里古墳群
梁山尊池里
松菊里住居址遺跡図と4世紀古墳群図を合わせて筆者が作図
巨済島

李弘鐘「松菊里文化の時空的展開」、木下尚子「韓半島の琉球列島産貝製品」いずれも西谷正編『韓半島考古学論集』すずさわ書店

北岸との説もあり。〔1〕五6で検討)と示しています。

　多くの書は「七千里」の後に句点「。」で区切っていますが、これでは従郡至倭の倭が狗邪韓国を指して行程が終了してしまいます。ですから読点で止めて【七千里の所の狗邪韓国にやっとの思いで着き、】と訳します。帯方郡から船に乗って途中で上陸し、内陸をジグザグ進むので、三平方の定理を適用して上陸地点から半島西南の木甫辺りの角地までの距離とそこから狗邪韓国の設定地点までの距離をそれぞれ二乗して加えて平方根を計算する古田武彦や岩元正昭氏の方法は妥当しません。なぜならその計算方法はジグザクする一片の距離を限りなく0に近づけたとする極限として計算する数学的観念論であり、実際の午南午東の距離はゼロに近づかないからです。

　さて、その狗邪韓国はどこにあるのでしょう？釜山説が多いのですが、その近くに川はありません。それに対し金海内徳里遺跡は洛東江の河口近くに位置しており、河口両岸近辺にはその時代の鉄鉱石の産出がみられるところから金海内徳里遺跡とその近辺とするのはいかがでしょうか。

　なお、「狗」は呉音の「ク」、「邪」は呉音の「ジャ」、「韓」の呉音は「ガン」で漢音は「カン」ですが普通名詞的に「カン」、「国」も普通名詞として「コク」とし、「クジャカンコク」と読むことにします。

始度一海千余里、至対馬国、・・・方四百余里、

　「始」が「一番初め」という意味なら魏書巻三にある「初帝議遣宣王討淵」(初めに皇帝は公孫淵を討つのに宣王を派遣することを討議した)のように「初」を使うでしょうから、「これから始まる」という意味の方が妥当すると思います。次の「度」は「わたる」と読みます。元々この字を使っていたのに、後に川や海など水気のある所では特

別に「渡」を使うようなってきました。現代のように水気のない横断歩道でさえ「渡」を使うのは、用法が変化したということでしょう。

ところで、この文には方角がないことに気づきませんでしたか。それは狗邪韓国から倭に向かう方向にある島は対馬だけなので、わかりきった方角を省いていると考えられます。

　「方」はほぼ四角形と理解していただき、その一辺が四百余里としてあります。古田武彦・中野雅弘氏は西と南の海岸を道のりとし、四百里の二倍を含めていますが、これは島の大きさと道のりを混同して、全体の里数(行き方の文の後に続く総里数一万二千余里)に無理矢理合わせるものです。訳は【はじめに一つの海を千余里渡って対馬国に着き、】です。

又南渡一海千余里名瀚海、至一大国、

　「瀚海(かんかい)」は広い海という意です。一大国は現在の壱岐の島に該当しますが、なぜ「一大」としたのかわかりません。同時代の「魏略」という文献(原典は発見されておらず、これを引用した梁書では)によりますと「一支」となっていることから「一大」は三国志を書き写す際に書き間違いしたとする説が有力です。ここでは紹興本に従います。訳は【また南に千余里瀚海という名の一つ海を渡って、一大国(イチダイコク)に着き、】とします。

又渡一海千余里、至末盧国、・・濱山海居、草木茂盛、行不見前、人好捕魚鰒、水無深浅皆沉没取之、

　呉音では「マチル」と読む「末盧」を「マツラ」とし、語呂が合うので長崎県の「松浦(マツウラ)」とする説が普及していますが、日本書紀の気長足姫の節には「ときの人はそこを名づけて梅豆羅(メズラ)国という。今、松浦というのは訛ったもの」とあり、「マツラ」

11

は本筋ではなさそうです。

　「至末盧国」までは前文と同じパターン、それに続く「浜山海・・・」まで加えたのは末盧国の所在地を特定する特徴が記されているためです。これらの記述と整合する場所を探さなくてはなりません。

　まず「濱山海居」ですが、これは倭人の節の一番目の文「倭人在・・依山嶋」とリンクしています。「依」は「に依存して、に頼って、の恩恵を受けて」という意味が含まれていますので、「浜山海居は浜や山や海で生計を立てている」ということになります。噛み砕いて申しますと浜は海岸の農耕民、山は焼き畑農を営み狩猟もする高地集落者、そして海は漁をし、出かけては商いを営む船上生活者の海人族とすればわかりやすいでしょう。山本敏子氏によると、豊臣秀吉に謁見するクリヨネが博多過ぎに家財一切を積み込んだ「家船」と呼ぶ船で生活する漁民を見た記録がある、とのことなので海人族の名残をそこまで辿れるようです。

　でもその頃は水耕稲作が広まって高地集落や焼き畑農業はない筈だという説に対しては、それらが全く残在しないと断言できるでしょうかと反論しておきます。この個所の今鷹眞・井波律子氏らが訳す「山と海との間の浜に住む」ではさっぱり通じません。

　「草木茂盛」はそのまま草木が盛んに茂る様子なので、「行不見前」を本書以外は次の句の頭の「人」を繋げて「前の人が見えずに行く」と「行」を動詞にしています。これではこの句と次の「好捕魚鰒」の主語もなくなります。もし前が見えないのは魏の使者が省略された主語とすると、魚を捕まえるのも魏の使者になるというおかしな訳になるでしょう。「行」は「水行」の際に説明した通り名詞なので魏の使者の一行、これが主語です。よって訳は「一行は前が見えず、」

12

となります。末盧国の周りか次へ進む途中の光景でしょうね。

　そして次に続く「人好捕魚鰒」の「人」は住民、すなわち倭人です。鰒は漢和辞典には「あわび」のほかに「ふぐ」と、さらにふぐを調べますと海水・汽水・淡水に棲むとあります。するとふぐは魚だから魚が二つ並んでおかしいと思われるかもしれませんが、ふぐの形は普通の魚と違いますので区別したのでしょう。次の「好捕」をナイスキャッチとすると名詞になってしまい、「捕まえるのが好きだ」とするのは好きか嫌いかどうしてわかるのかということになります。結局、「捕まえる」を修飾する「上手に」が最適と思います。そこで訳は「倭の人は魚やふぐを上手に捕まえ、」となります。

　「水無深浅皆沉没、取之」の「沉」は「沈」の旧字で、「水無深浅」は「川の深い浅いにかかわらず」という意味です。では、浅い所と深い所があるのは何川かということになります。地図を見ると松浦川が流れており、ウィキペディアには多くの深さ数十cmの所と2個所の2mを越える所も出ています。古代の川の深さも多分そうであったろうと考えるほかありません。家数は対馬国の千と一大国の三千よりも多い四千と記されており、平地の少ない呼子を考えるとかなり広い面積が想定されます。これらの記述は末盧国を特定する重要なファクターです。もうおわかりのように末盧国は大友遺跡(出土人骨の年代はBC8世紀からAD4世紀まで分布)のある呼子から菜畑・桜場両遺跡のある唐津までの一帯と言えるでしょう。

　末盧国の唐津市説や福岡市説には船から説明します。鳥取の角吉稲田遺跡、京都の浦入遺跡、長崎の伊木力遺跡等の遺跡の土器に描かれた絵や船の遺物から、当時は丸木舟あるいはこれに側板を両側に取り付けた程度の準構造船が想定されます。船の後部に左右二本の

柱を立てて、そこに筵(むしろ)や枝や魚・獣の皮を張った帆船説がありますが、半島から来るには順風を得るために北風が吹く冬しかなく、それは冷たい水飛沫を浴びて厳し過ぎます。暖かい季節は南風の逆風となり、漕いで渡るのは無理です。狗邪韓国を出て三つの海を漕いで来て、相当疲れているのに眼前の呼子に行かず、視界にない唐津や福岡まで行く理由が見当たりません。特に福岡市から海流に逆行して帰ることなど不可能でしょう。方角の記述がないのは壱岐から呼子に行くのが自明のコースであると教えています。

　ここの一連の句は【また千余里一つ海を渡って末盧国に着き、農耕民は海岸に、高地集落者は山に、船上生活者は海上に住み、草木は茫々と茂っていて魏使の一行は前が見えないし、倭人達は魚やふぐを捕まえ、川の深い浅いにかかわらずみんな潜ってこれを取り、】と訳すことができます。

東南陸行五百里到伊都国、

図-3　伊都国の推定所在地

　「陸行」は陸の一行です。「到」が使われています。前が見えないほど草木が茂っている状況でしたので「紆余曲折があって着く」とする気持ちはわかります。「伊都」の読み方は多くの人が「イト」と読み、糸島半島ないし

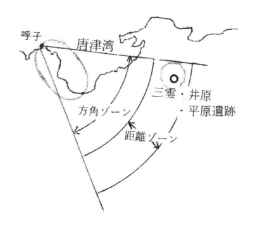

は糸島市を所在地に当てるのは語呂合わせの感じがします。全国地

図の索引では「タ」読みの1個所、「ト」読みの4個所に対し、「ツ」読みが21個所にのぼり、しかも日本書紀と万葉集も「ツ」と読み、隋書は対馬を<u>都斯摩</u>としていますので「イツ」にします。訳は【陸の一行は東南に向かって五百里でようやく伊都国に着き、】となります。呼子から東南約60度の範囲で50〜65kmの中に三雲・井原・平原各遺跡がありますので、その地域一帯が妥当します。

東南至百里奴国百里、

「東南に百里で奴国に着き、」とします。三雲遺跡から東南約60度の範囲で10〜13kmの中にある早良（サワラ）遺跡が奴国の中心で、戸数が二万ですから博多湾近くの遺跡を含めた広めの地域とします。

　なお、三宅米吉が戦前、儺の津に面しているからと奴国を儺縣として「ナコ

図-4　奴国の推定所在地

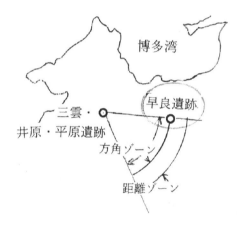

ク」としましたが、卑弥呼の時代に儺の津や儺縣の呼称があったことと三国志にある鬼奴国・烏奴国など奴国系8国が儺の津に面することを証明されていないので、信憑性は乏しいでしょう。以前、筆者は匈奴を「キョウド」と呼んでいることから「ドコク」としましたが、地名を調べたところ北九州にある奴加岳・奴山・奴留湯はすべて呉音の「ヌ」と読み、他方「ナ」や「ド」の地名がないので「ヌコク」とします。

東行至不弥国百里、

【東へ向かう一行は百里で不弥国に着き、】と訳します。早良遺跡から東約60度の範囲で10〜13 kmの中にある須久岡本遺跡が国の中心で、家数が千の小さい集落を想像させます。

図-5 不弥国の推定所在地

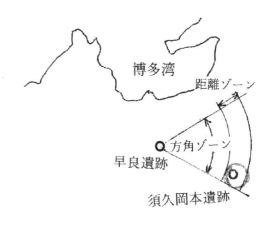

馬韓にも同じ不弥国があり、両国の関係を解明することは今後の課題と言えるでしょうが、筆者の手に負えません。日本書紀には神功皇后が出産した所なので「産み国」としたのは貼って付けたこじつけの感じがします。

南至投馬国、

【南へ投馬国(ズマコク)に着き、】と読みます。里数がないのは三国志・韓の節で東沃祖の位置の記述にあり、それは里数ゼロ、すなわち隣接していると解するのが妥当、位置は須久岡本遺跡を中心として五万戸もある広い一帯と思われます。

南至邪馬壹国、

訳は【南へ邪馬壹国に着きました。】、ここで初めて邪馬台国が登場します。道のりは目的地に達して終わります。里数がないので投馬国の南に隣接していると考えられます。領域は戸数七万戸と広いのを鑑み、また「女王国の東の海を渡った千里の所にまた国がある」とい

う記述に準じて周防灘に面する所か海岸近くから筑後平野全体の広域を想定できます。そして女王の宮に吉野ケ里・平塚川添・赤村などの各遺跡が候補地に挙げられるのは領域内での遷宮を示唆します。

これまでの邪馬台国九州説の中では井上秀雄は漠然的、奥野正雄は吉野ケ里

図-6 投馬国と邪馬台国の推定所在地

のみ、原秀三郎は四道将軍の範囲が山陽道より西に及んでいない点のみ、古田武彦はコースと里数計算に問題がある上、特定地域が不明、安本美典氏は遺物比較と地名遷移から福岡としましたが、県と甘木・朝倉のみ、という考察状況で説明が不十分です。

　女王国は一般にヤマタイコクと呼ばれていますが、その証明がなく、呉音は「邪」が「ジャ」、「馬」が「マまたはメ」、「臺」が「ダイ」ですが、字音（古来、日本に伝来して国語化した漢字の音）の「イ」を

17

用い、ここでは「ジャマイコク」とします。詳しくは後ほど。

　横道に逸れますが、五つもある「馬」字付きの国の理由を考えてみます。国が分裂して馬の字だけ引き継いだ？ それとも多くの馬、はては騎馬民族が来た証拠でしょうか。増田精一氏は四川系馬骨が縄文時代より出土すると述べるものの、佐原真氏は馬骨をフッ素分析した結果、後代のものと判明したとしており根拠薄弱です。むしろ寺前直人氏が水耕稲民を半島から誘引したとし（小畑弘己氏は引き込むプル理論が優勢という）、水耕稲作や土器を携えた移民が他地域よりも多かった、これを裏付けるように浜名が新撰姓氏録には百済朝臣（都模王三十世の後）・市往公（同盟王の後）・飛鳥戸造（比有王の男混伎王の後）など百済族119氏を挙げている点や新羅との戦いが多いのに反して百済とは親和的だった歴史経過などを考慮して、百済の前の時代の馬韓との結びつきが強かったからと判断します。

三、邪馬台国の所在地を推定するほかのアプローチ

　三国志・行程アプローチのほか三つのアプローチを考察します。

1) 遺跡・遺物アプローチ

　このアプローチの根本的な問題は、第一に遺跡から邪馬台国または卑弥呼という文字が入った、あるいは明らかに卑弥呼の所有物と断定できる遺物が出土しない限り所在地を特定できないこと、第二に遺物は盗掘・売買・贈与献上などで有無・場所・年代に誤差を生じる危険があることです。従って、その点を留意する必要があります。

　遺跡・遺物と言えば巨大集落跡・巨大建物跡・巨大墳墓・鏡・鉄製品・銅鐸・絹・桃種など様々なものが邪馬台国を特定し得る指標として提案されていますが、得てして遺物等と統治者の関係を安易に主

観的に結びつけ勝ちです。そこで、所在地特定の蓋然性を高めるために多くの指標が該当する所を見つけることと考え、下記のように指標ごとに該当する弥生時代の遺跡・古墳を掲げてみました。

表-1	遺跡・古墳
指標	名称
巨大集落	池上曽根、伊勢、妻木晩田、平塚川添、吉野ケ里
巨大建物	池上曽根、伊勢、稲部、下之郷、西岩野、纏向、吉野ケ里
巨大墳墓	赤池鬼塚、赤村、箸墓、ホケノ山（古墳時代説？）
桃の種	和歌山秋月、倉敷上東、纏向、高崎原口古墳 ただし卑弥呼＝鬼道⇒道教⇒桃の種の連想による指標 であり、その連想の信憑性は疑問視されています。
絹	朝日北、有田、桶渡、門田、栗山、須久岡本、立岩、比恵、宮の前、吉野ケ里（出土は北九州のみで近畿では古墳時代以降）
鉄製品	多数の遺跡があり、多い県別遺跡数を掲げます。 福岡20、山口6、京都5、佐賀4 （鉄の点数よりも重さ表示が適当ですが、それはなし）
銅鐸	邪馬台国との結びつきを絞るのは困難（吉野ケ里、福岡・大分県にも出土しており銅鐸圏の意味がない）
鏡	出土地が多くて邪馬台国との結びつきを絞るのは困難、ただし特別に金銀箔鉄鏡が出たとするダンワラ

　このデータは考古学による特定は困難なことを物語っています。敢えて言えばダンワラ、吉野ケ里、池上曽根を中心とした地域です。

2)地名遷移アプローチ

　安本美典氏によりますと北九州にある笠置山・長谷山といった山や池田・山田といった町、それと名称の似た地名も含めて約20個所

が奈良県にあると述べ、ちょうど平城京の周りであるところから北九州の地名が奈良の「みやこ」の周りに移ったとして、逆に北九州の「みやこ」すなわち邪馬台国を推定しています。そこは筑後川の上流の夜須川一帯の「夜須郷」と呼ばれた地域です。

邪馬台国・畿内説の根拠である纒向・箸墓・明日香などの遷移元が不明で卑弥呼時代の奈良への移動は疑わしいかぎりです。

奈良湖辺りの集落を時代的に大雑把に言えば初期は数代以上の現住民が築き、遠方の人達の交流や人の移動もあまり多くはなく、規模は近辺では大きめであったと窺われます。やがて各地、とりわけ北九州から人が移り、平城京の建設の担い手になったと思われます。彼らはどのような人達かということは後程考察するとして、時代はさらに経て九州の広い範囲の人達も関西に移動して住み着きました。古閑炯作氏は福岡を中心に熊本・佐賀・長崎・大分・宮崎の各県に及ぶ広い範囲の地名60個所が方角を合わせて奈良を中心に和歌山・大阪・兵庫・京都・滋賀・福井・石川・岐阜・三重に地名遷移していると指摘しています。中でも記述漏の夜須川が地名遷移した琵琶湖の南に注ぐ川の上流には稲部や伊勢という大きな遺跡があり、一つの豪族または複数の統治者の一翼を担った強い勢力と想起させます。

3)「京」地名アプローチ

「都」については後の五 2)で詳しく説明しますが、ここでは簡単に卑弥呼の時代では魏の一つの地方出先機関に過ぎないとだけ述べておきます。魏の一地方出先機関であっても倭国においては「みやこ」すなわち「京」という感覚を持っていたことでしょう。そこで「京」が付いた地名に注目して、その数や分布形態を調べてみましょう。

普通の地名は消滅・移動及び集落の合併などで意外に変動があり

図-7　全国の京地名

ます。しかし、京につながる道の「京道」、水田の「京田」、近くの山の「京山」、京の入口を示す「京口」といった京地名は温存する傾向があります。その中で「京町」だけはほかの京地名と異なって、その地方の町で賑やかな地域に付けられたと見ることができ、全国的に分布しています。当時の「京」は地名ではなく、幾つかの「京」地名に囲まれている領域であるとイメージしました。

　「京」地名アプローチの第一段階で京地名を全国的に調べ、第二段階で地図上にプロットして特徴を抽出します。特徴の一つは他の地域より京地名が多い、二つ目は京地名で囲んだ真ん中に京地名のない空白地がある、というものです。第三段階は、年代・京地名の配置などの整合性を考察します。

　前頁の図-7 の地図で全国の京地名を見ると、多い所は ⅰ 北九州 ⅱ 岡山市近辺　ⅲ 京都　ⅳ 奈良　ⅴ 名古屋近辺　ⅵ 東京　ⅶ 鶴岡市近辺　などです。

　年代の考察では、文京区や西東京市など現代地名の東京と右京や左京などの近代の京内地名のある京都・奈良とは整合しません。

　次の京地名の配置と言うのは、統治者の住まいのある京にはほかに地名がありませんので、京地名を取り除いた所は空白となり、そこを囲むように京地名が配置されている所が京である邪馬台国であったと考えます。京都・奈良では右京とか左京という中心地の京地名を除いたところを空白地域にすると、辺り一面ほとんど京地名がなくなってしまいます。京都の場合、明治時代になって統治者が居なくなったにもかかわらず「京都」と呼んでいます。これも京には元の地名がなかった証左ではないでしょうか。結論は、空白地域の周りに京地名のある<u>筑後平野が唯一</u>、該当するということです。

22

四、女王国への行き方の争点

1)放射読みの現実性は？ 距離・国と国・距離の書き分け

　放射読みは榎一雄が提示した行程記述の読み方です。伊都国を起点として奴国・不弥国・投馬国・邪馬台国の四方向へ放射的に行くというものです。その根拠は、対馬国・一大国・末盧国までは「千余里至対馬国」のように里数（距離）が国名の前に書かれ、奴国から国名が距離の前に書かれていることです。これに便乗するように起点を帯方郡や狗邪韓国とする説も出ております。たとえば帯方郡から投馬国と帯方郡から邪馬台国の二つのコースを考えるものです。

　この説の問題点は、①起点から出かけた後に起点に戻ってまた別の国に行くことになり、目的地である女王国には遠回りになります。何故起点に戻らなければならないのでしょうか。②この説の合理的な説明や用例がありません。東夷の章（本書では伝を使わず章を使います）の序文に遐曠（かこう：遥かに遠くて何者かの叫び）調査の目的とあり、もし倭国が謀反した時に派遣した兵が遠回りしては役立たずになってしまいます。③狗邪韓国への記述は奴国以後と同様、距離が後なので起点の設定基準が定まらなくなります。

　要するに行程記述と位置記述を混同した非現実的もので 12000 里になんとか数合わせをしようとした、真理の追究とは言い難いものです。これを否定する決定的な用例は、三国志・西域の節で玉門関から三方向に分岐するシルクロードの記述が「従玉門関西出経・・」「従玉門関西発玉門関・・」「従玉門関西北出経・・」と従玉門関を3回繰り返していることです。国名と距離の記述の入れ替えは次の「水行」の項で詳しく説明しますので、納得いただけるものと思います。

2)「水行」は「川を進む一行」ですか

　対馬国・一大国・末盧国の間だけ、すなわち島に進む場合に距離―国の順であることに気が付いた中島信文氏は陸行と海行の書き分けと指摘しています。筆者が検証した限りでは、三国志の中で30個所の用例が当て嵌まり、2個所が外れていました。従ってほぼ妥当すると認めることができます。

　前項の中島式書き分け法に加えて、「水経」や「水経注」などの古代文献と紅水・黄水・遼水など中国歴史地図に見える古代の川は「水」としているのでこれを「川」としました。すると「好捕魚鰒、水無深浅」と習俗記述にある「倭水人好沈没捕魚蛤」の鰒と蛤は海の貝のあわびとはまぐりと解すのが普通ですから、それではあわびとはまぐりは川で捕れるか、それとも「水」という字は川でも海でも使われるのかという問題を生じます。でもウォーミングアップで漢字は厳密に使い分けされていると述べたことを思い出していただけませんか。実は、三国志の呉書には「海行」という文字が使われていますので、川を進む水行と海を進む水行との使い分けを説明できません。もちろん用例も提示できません。使い分けをはっきりさせないで「川でも海でも」というふしだらな使い方は解せません。そこで漢和辞典を調べてみますと「蛤」には「はまぐり」のほかに「二枚貝」の意味もあり、二枚貝なら蜆（しじみ）も含まれ、それは川でも捕れます。同様に「鰒」も調べますと「ふぐ」の意もありました。フグは海の魚と思いきや、辞書には海水、汽水、淡水に棲むとありました。そこで鰒をふぐ、蛤をしじみと読むことができたわけです。

　別な角度から、三国志・西域の節では黒海とエーゲ海を結ぶ約300kmを「海水」つまり「海の川」と記述していますので「水」とは

両岸の間の流れのある所を意味しているとも説明できます。唐津湾には両岸と松浦川や泉川などの水の流れがあって、ここを川と解したかもしれません。すれば鰒をあわび、蛤をはまぐりと訳せますし、松浦川河口付近の浅瀬や大島辺りの深めの所が「無深浅」という文との整合性を保ちますが、海水としていないので少し弱いと思います。

　陸行と海行の読み分けの中島説に外れた一つが「陸行五百里到伊都国」で、陸行としながら文型は海行です。陸行とあるのはここだけです。なぜ陳寿はわざわざそう書いたのでしょうか。これについて岩元氏がAD90年にできた説文解字という辞典を引いて「到」には「別ルートを示唆する意」と述べていることを援用しますと、茂った草木が嫌で帰りは唐津湾東端の少し深いところから船で呼子まで戻り、それから一大国へ向かったとも想定できます。

　苦しいのは「裸国黒歯国復在其東南船行一年可至」という文です。倭人の節の歴史記述の後に再び地理記述に戻って書かれています。船行としながら文型は陸行としている説明ができません。しかし一年も船に乗った先の倭人などわかりようがなく、またインドネシアではベテルチューイングという赤黒い汁を出すチュウインガムのようなものを噛む習慣を持つ人の伝聞説もありますが、そのような遠方の人を倭人の節に入れることに疑義が生じます。ですから「・・其東南、」と切って「船行一年可至**参問倭地**」（船での一行は1年かけて倭地中を聞き取り調査して着いた）と読むと納得できます。距離については、前の文字列の「去女王四千余里又有裸国黒歯国」とすれば陸行として中島式読み分けに収まりますし、二国も倭人の節に記述されることに納得がゆきます。ところが別章で范曄の後漢書は原典三国志をほぼ引用したと述べていますので、後漢書を調べますと「自侏

儒国東南行舩一年至裸国黒歯国(朱儒国より東南へ船に乗る一行は一年もかかって裸国と黒歯国に着きます)」と海行の文型で書かれていて中島式と整合するものの「参問倭地」はなく、一つの争点になります。それだけでなく侏儒国の位置の問題が浮上してくるのです。

　三国志にある「侏儒国在其南人長三四尺去女王四千里」を一つの文として見ると、まず「其」は前文から女王国と考え、「侏儒国は女王国の南約 400km の所にあって、住民の身長はおよそ 90 センチから 120 センチぐらい」と訳せます。で先ず、人骨は弥生人の身長より約 10 センチ低い 150 センチという種子島の広田遺跡を候補にすると身長はやや高過ぎて距離はかなり近く、中島式読み方では陸続きということで侏儒国に当てはまりません。次の指宿の成川遺跡(縄文時代から古墳時代)は金関丈夫に人骨が短頭で低身長とされたものの計測値がわかりません。しかし、周りの遺跡にも成川式土器が広まっているということで南九州一帯の勢力と想定すると女王国の東南と接する陸続きの候補地になり得るでしょう。

　結論的には遠方地まで魏の使者は行っていないために、陳寿は古の文献や風聞を検証できないまま曖昧な情報で尚古主義に則って書き綴ったのではないかとしか言いようがありません。

3)帯方郡より一万二千余里はどこ？ 会稽東治との関係は？

　三国志の倭人の節の中ほどに「自郡至女王国万二千余里」という文があります。女王国とはもちろん邪馬台国です。「自」は「従」と同様、「より、から」ですが、「従」と違って「直接的、一本道的」な意味を持っています。「余」の訳は定まっていませんが、筆者は「強」と捉えて一万二千里強とします。

　帯方郡から不弥国までの里数の合計は余を省いて 10700 里ですか

26

ら、残りは 12000-10700=1300 となります。辿ったと推定する地図上の曲がったコースに糸を垂らしていくと鹿児島県川内市辺りに該当しました。折角探し求めた筑後平野からかなり隔たってしまい、食い違いを生じてしまいました。

　ところが「万二千余里」の文の後の習俗記述に「夏后少康之子封於会稽」とあり、古代東アジアの大陸の国「夏（カ）」の第六代皇帝「少康（ショウコウ）」の長男の無余（ムヨ）を揚子江下流域の会稽（夏の時代は杭州湾北岸）に任命したと書かれています。そして三国志の文は「其道里当在会稽東治之東」と続いています。「其道里」とは帯方郡から女王国までのことです。会稽の東の治所（行政を行う所）は確定できませんが、海の先の東に当（まさに）女王国はあるとしています。ほぼ鹿児島県です。12000 里とだいたい交差しますので、陳寿はこの辺を想定したと言えなくもありません。

　ところがもっと厄介でして、実は夏の時代以降、台湾島南端とあまり緯度が変わらない閩（ビン）江南岸辺りまで郡県の改編が何度かあって、魏の時代の AD260 年以降の会稽郡は会稽山の周囲一帯（杭州湾南岸）で、その東側の治所の東に女王国があるとする説もあります。その緯度からして屋久島の南辺りです。安本氏はこれを筑後川辺りと線を強引に結んでいますが、それは方角のアバウト性を越えていて、恣意性が露骨に現れています。

　一方、范曄の後漢書は会稽東冶としているので今の福建省の閩川河岸の東冶の町のずっと東、つまり沖縄本島の南にあたる、との説もあって錯綜しています。三国志の呉書には会稽東冶とともに会稽山陰もあり、郡と県を記述していると解せられ、会稽東治は陳寿の間違いというより後世の転写人の誤写かあまりにも南過ぎると考えて脚

色したのかもしれません。筆者は、范曄の後漢書の倭国の節は三国志・呉書及び三国志・魏書の原典をコピー及び一部の脚色であると詳しく証明した（これで治冶論争は終止符を打ちました。千寛宇は1980年に大雑把に指摘）ので会稽郡**東冶**と断定したものの、いずれも九州の南方域を示していて苦慮しました。その結論は、大陸の古代の人は倭が南方にあるという観念を尚古主義（旧来の制度・思想や高齢者を尊重する考え）によって引き継いで、北九州にあるリアルな女王国と南方にあるイメージの女王国のダブル・スタンダードであったのでは、ということです。

4)「水行二十日と水行十日陸行一月」ってどこまで？

　行程記述の投馬国には「水行二十日」、邪馬台国には「水行十日陸行一月」が続いて書かれていて悩ませる課題であり、邪馬台国奈良説の根拠の一つにもなっています。しかし「水」は「川」と判明し、魏の使者は九州から一歩も出ていないことがわかり、「水行十日陸行一月」が奈良への道のりであることが否定されました。では一体何なのでしょうか。

　川を船で一日進んだ距離や歩いた距離を里数に換算する説や旅行で各所を巡ったとする説があります。伊藤雅文氏は胡渭（コイ）が書いた地図の書き方を示す古代文献の禹貢錘指（うこうすいし）を用いて「里数ではなく〇日で表しているのは道里ではない」とし、陳寿は里数で書いたのに後世の人が「水行〇日」や「陸行〇日」と改ざんした、と大胆に述べています。しかし筆者が調べた限りでは、陳寿が目を通した90冊の文献に禹貢錘指はなく、原典は里数で書かれていたことと後世の人の改ざんを証明していません。

　筆者が考えるには、不弥国を出発して御笠川から宝満川に移り（道

家康之助氏は明治時代まで二つの川を結ぶ水路があったようだと述べていますが、卑弥呼の時代にあった証拠はありません）、川に沿ってかなり大きい投馬国、そしてとても広い邪馬台国をあちこち調べ回った**参問倭地の記述の一部**ではないかということです。

　里数が書かれていないのは里数がゼロの隣接を意味すると前に述べましたが、もし「水行〇日」と書けば隣接の意図が伝わらなくなります。それなら「接」を使えばよいと思われるかもしれませんが、「接」は客観的に配置を表現するもので、それに対し三国志の女王の所までの記述は行程であり、よって「至」を使っています。

5）行程には一、三、五、七が作為的に使われていますか

　三国志・倭人の節で一桁の奇数が使われているのは、距離では狗邪韓国まで七千里、海渡一千里、一大国の方三百里、伊都国まで五百里、奴国まで百里、不弥国まで百里、一月、家数では対馬国が千、一大国は三千、伊都国は千、投馬国は五万、邪馬壹国は七万、計14個、偶数が使われているのは対馬国の方四百里、末盧国は四千戸、奴国は二万戸、水行十日、水行二十日、女王国まで一万二千里の6個だけです。確かに奇数の多さに故意性を感じないわけではありません。しかし、日本人は奇数を好み、大陸の人は偶数を好むとされていますので陳寿が奇数を好むと考えるのは難しいと言えます。精度の視点で、距離においては対馬・一大・末盧の各国への各千里の距離は実際とは倍近い誤差があり、五万戸と七万戸の家数は小山修三氏の遺跡数を基にした人口数と大幅にずれているようです。でも、だからといって奇数を多く使う理由は認められません。海の場合は歩数で数えられないので、一回（一日）の航海は原則千里としているとも思え、数値は事実を全く反映していないと片づけられるものではないでしょう。

6)魏の使者は邪馬台国に行って卑弥呼と会いましたか

　「三国志・倭人の節の中で対馬国については土地が険しい・深い林が多い・道路に鹿、一大国については耕している田はあるものの食糧が不足で南北に行って米を購入する、末盧国では人は浜や山や海に住み、水に潜って魚などを捕る、伊都国については王が居るし帯方郡の使者が常駐しているといった具合に習俗の説明はあるものの、それから先は詳しくない」ということを根拠に魏の使者は伊都国から先は行っておらず、卑弥呼に会ってはいないという説があります。確かに支配国の位の高い人が来るということで、卑弥呼は帯方郡の使者が常駐する伊都国まで出向いた可能性がないことはないでしょう。

　しかし筆者は、行程記述の最初の文の「従郡至倭」が目的地の女王国に行かなければ行程の完結になりませんし、女王国の戸数と官を記述しているので、女王国に行ったと判断します。もし、行かなかった場合は「至」を使わずに斯馬国・伊邪国などの旁国と同様に「有」を書いたことでしょう。魏使としては女王が住む邪馬台国に立ち入らなければまともな倭国の調査報告にならないでしょう。

　なによりも三国志本文に「倭王」へ詔書と印綬(残念ですが金印と銀印ではない)を届けたと書いてあるのです。女王の居る宮殿で土産品を渡したと考えるのが極めて当然ではないでしょうか。

7)南北に倒錯した日本地図が根拠になりますか

　龍谷大学に「混一疆理歴代國之図(こんいつきょうりれきだいこくのず)」と呼ばれる日本列島を南北に長く描いた東アジアの地図があります。九州が北にあって北海道が南にあるというファンタジックか無知な人が描いたと思えるものです。これが古代の大陸の人のイメージだとして、「南へ水行十日陸行一月」の記述を適用すれば邪

馬台国は奈良にあった根拠になるとする説があります。でもほかに普通の地図もありながらこれを採用するのは恣意によるもので学問的ではありません。しかも1400年代に作成されたもので、それまでに倭国と大陸の国とは多くの人的交流があるし、この地図で航海すれば遭難してしまいますので、このような認識を持っていた信憑性がありません。既に水行は川を進む一行ということが判明している以上、よってその図をここで紹介するまでもなく、その図を根拠にした邪馬台国・畿内説は肯定されるものではないでしょう。

五、女王国への行き方以外の争点

1) ヤマタイコクかヤマイチコクか—臺壹論争に終止符を！

　古代人が発音した人物名や地名は録音されていないので、現代の読みの表記を正しいとか誤りであると断定することは不可能です。ですからどのように読むかはその人の自由ですが、他人に知らせる以上それなりの合理的な根拠を用意しなければならないでしょう。

　倭国への行程記述の最終目的地である女王国に着いた際に「邪馬台国」の読み方について理由は後ほど説明するとして、本書では「ジャマイ国」とすると意味ありげに切り上げました。その理由を述べる時が、ヤマイチかヤマタイかという「壹臺論争」とともに来たようです。この論争を理解されるために再びウォーミングアップをしていただけなければなりません。

　それは、使われている文字は転写や引用の際に<u>替えられて</u>（誤字の場合は<u>替わって</u>）いきますので、その替えられ方が三通りあるということです。

　一つは発音が同じまたは近い文字に替わることを**音写**、替わった

文字を**音写文字**といいます。たとえば大倭（ダイワ）が大和（ダイワ）に。どちらから音写したのかわかりませんが、古事記と日本書紀の古代の人物の字が悉く異なっているものの読み方が同じ字は訓読み音写と言えます。音写文字は文字の意味も変わります。もう一つは意味が同じか近い文字を**訓写文字**といいます。この場合、発音も変わります。三つは偏や旁が同じ文字は**同属的文字**とされ、同属的文字の範囲で替わります。この場合、発音も意味も変わります。たとえば倭国を隋書は俀国（タイコク）としていますように。

　さて「壹臺論争」に進みますが、なぜそのように呼ぶのかと申しますと、筆者は長い間三国志には邪馬台国と書かれているものと思っていましたが、それは正しく教えなかった先人から刷り込まれていたのでした。実は三国志には邪馬**壹**国と書いてあり、古田武彦が1969年に「ヤマイチ国」と呼んで注目されました。魏の前の時代の後漢（中華共和国はこれを東漢、前漢を西漢、947年に建てられた漢を後漢と呼んでいます。国名はどれも漢で、区別するための呼称です）のことを記述した後漢書では邪馬**臺**国となっていてどちらが正しいのか揉めていたのです。臺の支持者は後漢の方が魏より古いし、本物の後漢書が臺としていて、草書のように字を崩せば壹とそっくりなので写し間違えたのだと主張します。他方、壹を支持する人は現に残っている三国志が壹であり、皇帝の陵を指す臺という字を東夷の倭国に用いる筈がないとしています。塚田敬章氏は、983年に李昉ら14人がまとめた太平御覧には壹としており、かつ臺は皇帝を表していて蛮国の倭国が使うことはあり得ない、と古田説に同意しています。

　しかし、実のところ双方の主張とも根拠が薄弱なのです。陳寿の三国志を見てもいないのにどうして崩した文字は壹と臺はそっくりだ

と言えるのでしょうか。ほかの文献、写真で記録してある影印版の文字は楷書とは言えないものの草書のように崩してあるとは限りません。また、臺は高句麗のような皇帝の陵に関係しない所でも使われています。主張者は自分の思いに都合のよいように我田引水しているに過ぎず、科学的ではないでしょう。

　新しい視点で書道家の井上悦文氏は、台は臺の新字ではなく、臺は「ダイ」ではなく「ダ」と読むのが正しいと述べています。しかし、ダというのは漢和辞典に載っておらず、信憑性が劣ると言えます。

　そもそも 221 年に後漢が滅びて 200 年以上も過ぎた後に、范曄はどのようにして後漢書に倭国の記事を書いたのでしょうか。話を聞くにしても当時を知っている人は生きていないし、倭国に出かけてもいなければメモや報告書もあろうはずがありません。方法は後漢時代のことを書いた文献をコピーするほかないでしょう。と言っても、倭について数行以上書いた文献は見つからず、唯一三国志があるだけです。魏より昔の国のことを魏の国の文献を見て書いたというのは奇異に感じると思います。詳しいことは 〔5〕 章の「金印・漢委奴国王」にまとめてありますので、そちらを楽しみにされるとして、ここでは結論の**三国志原典を見て書いた**ことにします。従って、**原典は臺であった**ことになります。それに昭興本より前の通典・梁書・北史などの各文献には臺が使われ、隋書では邪靡<u>堆</u>と堆に音写しているところから、臺の蓋然性が相対的に高いと考えます。

　983 年に書かれた太平御覧に壹とあるのは 960 年に散逸した三国志を学識者達がまとめて書いた際（これを筆者は乾隆本と呼んでおり、北京の国立図書館のリストにありますが内容を知るに至っていません。）に臺（イ）から壹（イー）に音写したと推察するほかはありま

せん。現在残っている昭興本(1131-1162 年に書き写す) と 昭熙本(しょうきぼん、1190-1194 年に書き写す)のいずれの三国志も「邪馬壹」としているのは、960 年の乾隆本を引き継いでいると考えます。

　まだ、「邪」の読み方に触れないでいました。なぜ「ジャ」とするのか疑問に思われるかもしれません。手元の漢和辞書には漢音で「シャ」、呉音で「ジャ」とありますが「ヤ」はありませんでした。調べた限りでは「邪」から始まる地名はありませんし、地名以外では邪魔や邪気、邪推など幾つかありますが、「ヤ」も「シャ」もなく「ジャ」でした。戦前、三宅米吉が古代資料も示さずに「邪」を「耶」に改ざんして「ヤ」と読ませ、その読み方を「邪」に逆流して「ヤマタイ」としています。と、書いては書き過ぎかもしれません。というのは、欽定四庫全書本の太平御覧(たいへいぎょらん)には魏志の引用として「狗耶韓国」「耶馬臺国」としているからです。太平御覧については、李昉(リボウ)・李穆(リボク)・徐鉉(ジョケン)ら 14 人が撰修し、983 年に成立したと記されており、宗槧本太平御覧も「魏志曰耶馬台国」とあります。ところが同書の珍宝部には「邪馬壹国」とあり、また「台」と「壹」も統一しておらず信憑性に翳をさします。それ以前に梁書・南史なども耶馬臺国としていますし、翰苑の中で引用されている廣志では耶馬嘉国ですので三宅米吉が「耶」とするのも無理からぬことです。この「耶」は音写文字であると判明すれば「邪」が「ヤ」と読まれた証になりますが、同属的文字の可能性もあります。

　他方、古代の地名には濁音の頭文字はないとの「ジャ」否定説に対して、少し調べただけでも大宰(府)・駄知・餓鬼山・玄海・賀美・我入道・壇之浦・磐梯など幾つもあると反論できます。これらの地名はどの時代に付いたものかわからないのに、頭文字清音説はこれを新

しい時代のものと断じます。そもそも世界の言語は古代に発音記号がありません。説文解字という辞典は発音を漢字で説明しているものの、標準となる漢字の発音がわからなければ対象の漢字の発音もわかりません。しかも現代のように抑揚を示す四声の表記がないので正確に認識するのは困難です。幸いなことに日本の<u>平仮名は発音記号の機能も持ち合わせ</u>ていたのです。ところが当初は濁音や半濁音が発明されていませんでした。ですから口頭では濁音で発音していても文字にするときは清音に変わってしまうのです。その後、濁音の表記法を発明して濁音の漢字がわかるようになったのですから、卑弥呼の時代の漢字に濁音がなかったとは言い切れないのではないでしょうか。

　先ほど手元の漢和辞典には「邪」の読みに「ヤ」はないと書きましたが、諸橋轍次編の大漢和辞典には出ておりました。しかし四番目の読み方でしたので、主要な読み方ではないようです。卑弥呼の時代に、もし「ヤ」と発音していたとしたら陳寿は別な漢字を充てたとも考えられます。現代の中国辞典で「ヤ」と発音する漢字は厇・亞・啞・雅・氬・壓・訝などで、邪は見つかりませんでしたので。

　それを「ヤマタイ」、近年では水野正好・白石太一郎・西川寿勝氏らは「ヤマト」と呼んでいるのは、ヤマタイ国をヤマトに結び付けたい恣意が先行しているように感じられます。

　2020 年、ＮＨＫの番組でヘブライ大学のシロニー教授の発表として、日本語にはワッショイ、ハッケヨイなど 500 のヘブライ語が使われていて、その中でハスカー（住居の意）は飛鳥、カムナシ（長の意）は神主、アリ・ガト（神への感謝の意）はありがとう、そして**ヤゥマト**（<u>神の民の意</u>）はヤマトになったと報道されていました。ヤマト

の語源が榎一雄の山門説や笠井新也の山戸説では首都に相応しくなく、神の民ならば日神信仰と整合性があります。それは相撲が始められた頃で、それ以前は先代旧事本紀では「**大倭国を大和国に改める**」とありますし、續日本記には文武天皇の節に「大倭国」と「大和国」が顕れており、「和」は「倭」の音写と、そして発音は「ワ」しか考えられませんので「ダイワコク」と読む蓋然性が高いでしょう。

　壹は臺の音写文字の可能性が高く、本書の冒頭で邪馬**臺**国をジャマイコク（「たい」では音写しない）、邪馬**壹**国をジャマイーコクとしたのです。

2)邪馬台国は女王が住む「みやこ」と言えますか

　邪馬台国への行き方のゴールは「南至邪馬壹国」です。それに続く「女王所之都」の「都」を「みやこ」と訳している本ばかりですが、実はこれを誤訳と判断します。みやことは国の統治者が住む所、「京師（師を省略して京。師は大勢の人の意）」です。わかりやすいように、下記の表は古代文献における使い分けの用例の一部です。

表-2　　　　　　都と京(京師)の用例

	都	京(京師)
尚書	都慎厥	京師去二千五百里
前漢書	如南夷置一都尉	傳詣京師
後漢書	楽浪都尉	後至京師
三国志	騎都尉	易京を保守
晋書	都督江北軍事	執帰于京師
宗書	都督営平二州	径向京師
舊唐書	置二十四都督	京師修太廟成

これで、京は皇帝の住まいのあるみやこ、魏の時代では洛陽しかなく、「都督」「都尉」など幾つもある都は地方出先機関や行政職であることがわかります。従って倭に置かれた魏の出先機関の**邪馬台国がみやこであるはずがない**のです。「都」の読み方は伊都国で説明したように「つ」です。冊封体制とは皇帝が属国の王を定める間接支配体制という定義を見かけますが、魏は王だけでなく家臣も皇帝の家臣に任命したり、出先機関の都を定めたりもするのです。

3)陳寿は魏略を参考にして倭人の節を書いたのですか

　三国志は魏略を元にして書かれているという説をしばしば耳にします。筆者の引用・参考文献の調べでは撰者の陳寿が 90 冊(種)、注釈をつけた裴松之(ハイショウシ)が 452 冊(種)でした。魚豢(ギョカン)によって書かれた魏略は成立年代が不明で、残念ながら散逸しております。実は、陳寿が引用した 90 種の文献には魏略がなく、すべて裴松之の注釈の中に出ているのです。ということは陳寿が三国志を書いている時には魏略はまだ成立していなかったのではないでしょうか。もちろん、既に魏略が書き上がっていたとしても陳寿が引用しなかったのは、ライバル心や政治的立場などで引用したくなかったのか書き忘れまたは文献の存在を知らなかったからという余地はありますが・・・。

　一説には魏略は典略の一部とも言われますが、そもそも大陸の文献の中で「略」とか「会要」が付いている文献は元の文献の縮尺版なのです。縮尺の仕方は極端に言うと唐会要のように半分だけとか十六史略のように一行ずつ間引くといったもので面白いのですが、魏略もそういった類の文献の可能性がありますので注意して読むとともに元の文献を探す必要があることを書き加えておきます。

4) 人口の記述は多過ぎませんか

　邪馬台国の家は 7 万戸、漢書の戸籍簿から一家の家族数は約 5 人として 30 から 40 万人という人口は小山修三氏の遺跡の数から割り出した全国の人口と比べて過剰、中には 10 倍多い説があります。確かに後漢書巻三十三郡国志の戸籍調査記録によりますと、楽浪郡の帯方・朝鮮・含資・増地等 18 地域の戸数 61492、人口 257050 と比べ極めて多いように考えられます。ところが遼東郡は戸数 64158 に対し人口が 81714 ということで 1 戸当たり約 1 人、玄菟郡は戸数が 1594 に対し人口が 44163 で 1 戸当たり約 30 人といった具合で信憑性が乏しいと言えます。時代は同じ三国期では、三国志・韓の節にある馬韓の 10 万戸とあまり違いません。ただ、面積はかなり隔たりがあります。馬韓は人の住まない山間部や荒れ地が多く占めていることでしょう。それに対して邪馬台国は倭国の中の一小国で遺跡と田畑の割合及び人口密度も高くなります。

　もちろん筆者も邪馬台国だけでなく、すべての小国の人口数に疑問を感じます。冊封体制の倭国では大陸の調査員と違って調査方法を教育された役人が居なくてかなり大雑把にならざるを得なかったと思います。倭国側も正確に調べられることに抵抗したかもしれません。でも、魏の役人の立場上、場合によっては敵になり得る国の勢力をでたらめな数値で報告したら自分の命に関わることでしょう。

　小山氏の手法は未発掘の遺跡が多い段階では、また川の氾濫地域では誤差が大きいと言えます。人口を推定する指標の選定が難しく、設楽博己氏は稲束数を提案しますが、統計は 905 年の延期式に出ている程度で、これで古代人口を推測するのは困難でしょう。人口のアバウト性を数値で定めるのは今のところ至難の技というものです。

5)狗奴国（クヌコク）はどこにあったのですか

　狗奴国は三国志・倭人の節には女王の国の南にあるとしています。熊本には遺跡が多く、官の「狗古智卑狗」を「クコチヒク」と読んで菊池川や菊池氏から熊本とする説が圧倒的です。しかし、その説には若干、問題があります。一つは、倭人の節の中で倭に関する長い歴史記述を分断するかのように侏儒国が女王国の南にあるという地理記述が挿入されているのです。つまり女王国の南に二つの国がかぶっているのです。距離が違うと言えなくもないのですが、ならば狗奴国を述べた後に侏儒国は狗奴国の南とすればよいのに文脈上、そこから随分離れた場所に書かれているのが謎です。もう一つの問題は范曄の後漢書に「女王国より東の海を千余里渡ると狗奴国に着きます。皆倭種」と山口県の宇部市や小野田市辺りを示唆しています。ちょうど三国志で「倭種の国」に相当する所が狗奴国になっているのです。もし後漢書が原典三国志を書き写したとしたら、狗奴国は女王国の南ではなく、山口県にあったということになるでしょう。しかも三国志では倭種の国の動詞は「有」になっているのに対して、後漢書は「至」となっていますので確実性が高いと言えます。しかし疑問なのは狗奴国一国なのに「皆倭種」としている点と山口県の防府市と徳山市近くに遺跡はありますが、「皆」には愛媛県も含むとすると伊予市や宇和島市では銅矛が出土しないのが気がかりです。なお、東海地方説は邪馬台国へ向かう南の方角を90度変更して東へ向かったとする邪馬台国近畿説に基づいたもので、距離と方角に妥当性を欠いているので考察するには値しないでしょう。

　後漢書と三国志の齟齬に関する解釈には①狗奴国は三国志を書いていた頃には山口県にあったが、その後の三国志を書き写す頃には

熊本に移っていたので「女王国の南」に書き替えた。②三国志の原典には女王国の東にあった「倭種」を范曄が後漢から三国期への年代経過を示そうとして三国志で倭種のあったところに狗奴国があるとしたというもの。③小野田・宇部両市辺りには遺跡が小さくて少ないので乾隆または紹興の年に三国志を書き写した人が女王国の東は「倭種の国」とし、遺跡が多い熊本を想定して新たに「女王国の南に狗奴国」を書き加えた、などが考えられます。筆者は周防灘の東の遺跡の規模が大きくない特徴と、そこから海と阿蘇山を飛び越えて熊本に移動する必然性・可能性が小さいという点で②の范曄の小細工ミス説に軍配を挙げたいです。

6)どこまでが倭国ですか、倭人の住む範囲は?

　三国志・倭人の節は邪馬台国の周りの斯馬国、百支国、伊邪国と小国を列記して奴国を最後に「これが女王国の境界の尽きるところ」と結んでいますので、倭国の範囲は一見、明確のようです。しかし、諸小国の位置と大きさが特定できないので、地図上に線を引くことはかないません。

　では、邪馬台国の南にある狗奴国はどうでしょうか。冊封体制は皇帝が属国の王を認定する間接支配体制ですので、一国一王の下で三国志に王名が明記されている以上、狗奴国が倭国に含まれるはずがありません。西嶋定生が1999年にそれを発表しているのにあまり知られてないようです。

　邪馬台国の東側、海を渡った所の倭種の国は倭人が住む範囲であっても、女王の統治外ですので倭国とは言えないでしょう。女王国の東北先に流れる遠賀川流域を高島忠平氏は不弥国に充てていますが、方角と距離の整合性に難があります。その東の紫川一帯を西谷正氏

が呼ぶ企救国は三国志には記載がないので倭国に入りませんが、上垣外憲一氏が言う伊都都比古(イツツヒコ)の王国の一部になってしまいます。その王国とは上垣外氏によれば、日本書紀に加羅国の王子の都怒我阿羅斯等(ツヌガアラシト)が穴門(下関付近)に来た時、伊都都比古がこの国の王であると述べていたことに着目し、中国地方の日本海側に勢力を張った相当な国とし、さらに三国志・倭人の節には遠賀川流域の記述が見当たらず逆に天孫の伝承には対馬や博多の国が登場しないことから**天孫の活動領域は邪馬台国の領域外**ではないかと鋭く指摘しています。弥生時代前期の土器が遠賀川流域で見つかり、それは近畿及びそれ以遠まで広く普及したというのは宗像(胸形)三女神の降臨よりずっと以前ですから海人族と言われる宗像一族との関わり合いがわかりません。そもそも宗像一族は日本書紀に出ているもので、実在は証明されていません。

　問題は南方の侏儒国、裸國及び黒歯国です。これらの国については四２の「水行」の説明で述べたので、重複することをお許しください。侏儒国、裸國及び黒歯国は女王の統治境界の外ですから倭国ではないことは確かですが、倭人の節を「有裸国黒歯国復東南船行一年」と読めば両国は船で一年の極めて遠方にあって陳寿が倭人の国と認識できたかは疑問です。つまり倭人の節に記述しているのが納得できないのです。南方にあるという古来のイメージを陳寿は尚古主義で綴ったとの説に対して、紀元前の文献の淮南子には「東、黒歯に至る」とあってすっきりしません。そこで、「去女王四千里又有裸国黒歯国復在其東南(また、女王の所から四千里の東南に裸国と黒歯国がある)」と区切って読むと、四千里程度で倭人の範囲(侏儒国は女王国の南に隣接)の可能性が出てきます。

ところが、三国志・倭人の節を模倣したと思われる范曄の後漢書にある「自朱儒国東南行舩一年至裸国黒歯国」文のように朱儒国より船に乗って一年で裸国と黒歯国に着くとすれば、倭人の範囲の疑問が再び浮上するわけです。ここの記述は范曄と陳寿のそれ以前の古文献の扱い方の違いや見解の違いが顕れているもので、それは谷川健一や岡正雄が、日本神話たとえば伊弉諾・伊弉冉の兄妹の近親婚によって異物を生む話と似たものは中華共和国西南部の苗（ミャオ）族・猺（ヤオ）族や中華民国のアミ族、あるいは海幸山幸神話と似た話はインドネシアのケイ諸島・セレベス島・パラウ島にもあると述べるように、南方からの伝承の影響かもしれません。

　なお、日本書紀の磐余彦の巻では熊野に土蜘蛛と称する人達が居り、彼らは背が低くて朱儒のようだと書いています。この朱儒は背が三、四尺と記されている三国志の侏儒国以外に想定できません。磐余彦の時代あるいは日本書紀編纂当時に侏儒国との交流があったかは不明で、単に三国志から得た知識を披露したに過ぎないのかもしれません。だが、種子島の広田遺跡や指宿成川遺跡の人骨は背が低いとされ、九州の土蜘蛛も同種とすると、侏儒国は女王国の東部の南に隣接したという想定と日本民族の南方到来説の支えになるでしょう。もちろん日本民族と言っても一部ですが。

　もう一つの問題は北の境界、すなわち狗邪韓国は倭国に含まれるかということです。三国志には人口・官・習俗などの記載がないし、もし倭国ならば狗邪<u>倭国</u>であるはず、という説は一理あります。そして韓国の千寛宇は、狗邪国を加耶として半島には倭族は居なかったとこの説を補強しています。

　ならば倭が帯方郡と接していないのに何故倭人の節は「倭人在<u>帯</u>

方東南大海之中」で始まっているのでしょうか。一般的には宋書の「高麗東南」や隋書の「百済新羅東南」のように隣接している所を示しているので、「倭人は帯方郡の南に接した地域に居る」と解するのが自然です。そうでなければ帯方郡の南は海ということになって事実と異なります。

　福島正日子氏は「倭人在帯方東南大海之中」を「帯方東南」で一旦区切り「帯方東南と大海の中にある」と訳して、倭は半島内にもあることを濃厚にさせました。他方、韓の節には「韓は南に倭と接する」としているのも韓と倭は陸続きであることを示唆しています。

　でも、「接する」というのは海に隔てられている所にも使われるとか千寛宇の「近い」説のように反論があります。もし海に隔てられていても適用されるのであれば韓の節の「韓の東西は海」は「韓の西は魏の東菜郡・北海国・琅邪国に接する」と書かれるべきで、それに、たとえ海を境目としたとしても目と鼻の先程度ならまだしも千里も対馬海峡で隔てられていても適用されるのは疑問です。海に隔てられている地域にも「接」を用いる用例を示すべきです。

　千寛宇は三国志・弁韓の節の「瀆盧国（トクロコク）接倭」を「瀆盧国は倭に近い」とするが、半島南岸には幾つか小国があるのに何故瀆盧国のみ「接倭」とするか、その説明がありません。

　李氏朝鮮時代の文献の三国史記・新羅本紀には「121年倭人が東部辺境に侵入。193年、倭人千余人が大飢饉で来る。208年、倭人が国境侵犯。232年、倭人が金城を攻撃。233年、倭人が東部を国境侵犯。287年、倭人が一礼部を襲い。292年、倭兵が沙道城・長峰城が攻めた。・・・」という記述がAD500年まで続いており、これら、とりわけ国境侵犯や千余人の移民などは陸続きとしか理解できません。し

かも「多婆那国が倭国の東北一千里」にある文がより明確に示しています。上垣外憲一氏は、古事記・日本書紀に宗像三女神が沖津宮・中津宮・辺津宮に降りたとするのは半島にある高天原で良き田を持つ天照と痩せた田を持つ素戔鳴が田を巡って争ったとしていることから、金海すなわち狗邪韓国は倭の領域であると示唆しています。

　当時、半島の南岸では倭の土器が見られ、千寛宇も「韓半島に倭族は居ない」という自説を覆して倭人が六千人流入してきたと述べているように、九州から商いで来た人達や**大陸から移ってきた倭人達**、及び韓人達が混ざっている状態、例えるなら千島―樺太交換条約前の樺太が日本人とロシア人の混在状況だったような状況で、倭人だけの家を数えることや「官」を任命するのは難しかったと考えられます。ですから国の名称も韓として捉えた場合と倭とした場合とで異なるか、あるいは微妙に地域が分かれていたと窺えます。

　なお、日本書紀は高天原を半島に想定している文があり、沖ノ島の奥津の宮と大島の中津の宮そして田島の辺津の宮を一直線で結んだ半島からやって来たという想像ができます。千寛宇は加耶・新羅の一部の人が圧迫に耐えられず九州に渡り、彼らは追い出した加耶や新羅に対する敵愾心、さらには当時の倭国は稲作や金属などの先進技術を半島から輸入しなければならない後進国の民の妬ましさから任那建設や度重なる新羅侵犯の自慰的記述を書いたのであろうと指摘しています。少し横道に逸れますが、新羅侵攻の記事は日本書紀にはあまりなく、むしろ朝鮮の文献の三国史記に数多く記述されていて、千寛宇の認識を否定することになります。朝鮮の人がなぜ自虐的な記事を書いたのかわかりません。

　大倭国が新羅侵攻できたかは疑問符が付きます。沖ノ島ルートで

渡って来た新羅系の人達は大倭国を建てたものの小国で、新唐書に記録されているように倭国に併合されていて船団を作れるほど軍事力・経済力とも大きくはなく、とても新羅を侵犯するのは不可能でしょう。ということは大陸から遼河を渡り、さらに朝鮮半島の西側を伝って逃げ延びて来た倭人とその随行者(その随行者も大雑把な倭人に含まれる)が半島南岸にたどり着いていた、それに交易のために対馬や九州からやってきた倭人の存在を色濃くしています。となれば、彼らの住居エリアが瀆盧国と接していたことになるでしょう。倭と接する半島の国が三国志・倭人の節に瀆盧国の一国しか記録されていないということは、彼らの領域は井上秀雄が図示する半島南岸の大部分という広いものではなく、もっと狭かったと推量できます。しかし、一旦組織的な侵攻を実行するとなれば対馬や壱岐及び北九州の仲間を集めて連合して行動し、広開土王碑文に残っているような半島北部への侵攻も可能であったと思われます。

　半島の南岸は卑弥呼の行政が倭人に及びにくい倭の領域と認められるでしょうが、倭国には当てはまらないのではないか、というのが今のところの結論です。今のところ、というのは真理追究の原則の「真理は誤謬を含みつつ発展する」ことから将来、皆さんのご批判をいただいて、あるいは筆者が誤謬を認めて自ら削り落とす可能性を秘めているからです。

〔2〕 卑弥呼の境遇の変化

一、邪馬台国の女王から倭国の女王、そして倭国王へと

　古代史に関心のない人でも卑弥呼は知っていて、多くの人はヒミコと呼んでいます。といっても当時の呼ばれ方は誰も知らないでしょう。ヒメコと呼ぶ人や古代文献の翰苑（カンエン。660 年頃張楚金によって書かれて 835 年に雍公叡が注釈を入れた。注釈の量が本文より極めて多い変わった文献）にある「卑弥娥」をヒミカと呼ぶ人も居ます。また日本書紀にある比売や日売に比定する説は、日本書紀が様々な文献から言葉や文を採り入れていることから単なる用語の表現という意味では間違いと言えないでしょうが、卑弥呼そのものであるとすると証拠がなく、同意できません。

　彼女について知り得る資料は、後漢時代に生まれた人故に後漢書であろうと思うとさにあらずというところです。范曄の後漢書は三国志のコピーのようなものですし、呉の孫権の妻の弟で公孫と折衝した経験の影響なのか東夷に関心を抱いた謝承の後漢書は原典がなく、これを引用している文献にも載っていません。それ以外の人の文書では期待が持てません。従って半島から九州へと移動する集団のリーダーの娘と推察することを除いて、生まれも親も育ちもわからない状況です。山形明郷が晋書の記述を公孫の娘と読むことや馬韓の卑弥国の娘と断定する説には証拠が揃っていません。

　卑弥呼が歴史にデビューするのは三国志・倭人の節にある「住七八十年倭国乱　相攻伐歴年　乃共立一女子為王名曰**卑弥呼**」という文でして、後漢時代に帥升その他の者が王に就いていた穏やかな七八十年の後の戦乱の時代に幕を降ろすため、檜舞台に上がったということになります。倭が乱れた年代は後漢に朝貢した AD107 年を勝手

に基準にして、そこから「住七八十年」ですから 107+70〜107+80、すなわち 177〜187 年とすれば 10 年間ぐらい乱が続いたことになります。他の文献で検証してみますと、後漢書では「桓霊(漢の皇帝の桓帝と霊帝)間倭国大乱」という訳のわからない書き方です。なぜなら桓帝紀は 146〜167 年、霊帝紀はそれから 186 年までで、その間の 146〜186 年という長い期間、乱が続いていたことになるからです。40 年もの長い間だったから大乱だったと解せなくはありませんが、一体そのような長きに亘って戦いを続けられる兵力、武器あるいは食糧の調達が可能であったか甚だ疑わしいものです。もし、桓帝が死去して霊帝が即位する一年未満の間だけならば納得できます。漢の民なら皇帝の死去を契機に一揆を起こすのはあり得ますが、遠く離れた倭の国で起きる乱としてはタイミングが良すぎる懸念がありますし、「攻伐歴年」という一年以内ではない書き方と矛盾します。

　太平御覧の中で引用された魏志には「漢霊帝光和中倭国乱・・・」とあります。光和年代は 178〜183 年です。今の三国志は西暦 1000 年以降の転写本ですので、それより前の 984 年に完成したとされる太平御覧の方が三国志の原典に近い根拠はあります。しかし梁書にある記述と同じです。梁書より 300 年も後に書かれた太平御覧は「魏志曰」としていても直接三国志から引用したというより梁書ないしは同系の文献から引用した信憑性の劣るものと言えなくもありません。念のため梁書の 19 年後に書かれた晋書を見ますと「漢末倭人乱」という表現になっています。後漢が権力を魏に渡したのは AD221 年ですから漢末は 220 年頃になるのでしょうか。このように文献によってまちまちです。はっきりしないのは戦いの期間だけでなく、卑弥呼の立場についても言えます。乱の後に共立で倭国の女王に就きますが、この共立の解釈が分かれています。小国の長が集まって民主的に決めた説と単に武力で他国を征服しなかっただけという説が主な

47

ものです。三国志に記録されている家数は邪馬台国が際立って多くて自然の成り行きというか忖度で邪馬台国の王が倭国の王になったのか、鬼道に畏怖の念を抱いたのか、それとも諸国の長が女なら横暴にはならないと安心して決めたのか、そこのところは証拠もなく空想で述べているとしか理解できません。思うに、現在の連合組織でよく見られるように大組織が反対する案件は成立しないので大組織の力を背景とする忖度が大きな要因でしょう。もっとも常に大組織から王を出すのなら乱にはならないはずで、政治は複雑ということ。

　景初二年、魏は黄海北の公孫が建てて間もない燕国を攻撃する中、卑弥呼は女王就任の挨拶の朝貢をするために難升米等を使者として帯方郡に詣でて、そこの役人の案内で洛陽に行き、魏の皇帝の明帝に謁見します。この年に戦場を通るのは難しいから決着がついた後の景初三年の間違いだとの主張があります。それを裏付けるように古文献では梁書、北史、翰苑、日本書紀などがそう書いています。ところが通典と太平御覧は二年になっています。これだから文献研究はやる気がしないと嘆く方が居ますが、逆にそれだからこそ真理を求める面白さがあるというものです。魏と燕は戦闘中といっても関ヶ原の戦いのように両軍相まみれて切り合いするのではなく、秀吉の小田原城攻めのように公孫淵が立て籠る襄平城を包囲していたので倭の使者の一行は秀吉のように女と戯れて宴をしたかはわかりませんが、悠々と通ることができたでしょう。

　ともあれ倭の使者が皇帝に目通りし、卑弥呼は「親魏倭王」と制詔され、すなわち**倭王**に任ぜられます。これは翰苑にある**栄**であるとともに、逆に魏の冊封体制という支配下に入るという屈辱でもあります。本人はどう思ったかと推察しますと、後の「倭国の五王」が宋に称号を求めるぐらいでしたからその時は嬉しかったことでしょう。

二、金印「親魏倭王」は卑弥呼に届かなかったのでは

　同じ金印でも福岡で発見・展示されている漢委奴国王(カンイヌコクオウ)と異なり、卑弥呼が授かったはずの親魏倭王の印はあまり知られておりません。三国志・倭人の節に目を通せばいやが上にも飛び込んでくる親魏倭王という文字、誰もが卑弥呼はそれを受け取ったと思うでしょう。実際、そう信じて論文や本を書いている人、それに床屋政談的にお喋りする人ばかりです。筆者は三国時代より昔(と思われる)の金印が見つかっているのに、どうして三国時代の物、それは難升米と都市牛利にも授けると言われた銀印青綬も含めて三つも見つからないのかとずっと不思議でした。その謎が 2020 年の 8 月に突然、解けました。別に神がかった閃きではなく、また丹念に資料調べをした結果でもありません。ちょうど金印・漢委奴国王が皇帝から与えられたと後漢書に書いてあるかを話す 2019 年 12 月の講演の準備をしていた時でした。その講演では印綬と○印○綬とでは意味がまるっきり違う、すなわち印綬は単なる印章の紐に過ぎないと話す予定でした。そこでふと、果たして卑弥呼は金印「親魏倭王」を受け取ったと三国志にきちんと書いてあるのか心配になりました。

図-8　親魏倭王の印章

邪馬台国の会での安本美典氏
の講演資料より

　もし「賜金印親魏倭王」と書いていなければ大変なことになるので

49

はと、はやる心を抑えながら初めて読むように調べました。

　景初二（238）年の項には「六月倭女王遣大夫難升米等詣郡・・其年十二月詔書報倭女王日制詔親魏倭王卑弥呼・・・今汝為親魏倭王仮金印紫綬　送付帯方太守仮授汝・・・今以難升米為率善中郎将　牛利為率善校尉　仮銀印青綬」と確かに金印紫綬が書かれています。日本文にしますと「倭の女王、卑弥呼が倭の職制の大夫にある難升米(ナンショウマイ)等を使者として郡(帯方)に派遣した。・・・その 12 月卑弥呼を親魏倭王に任命するという詔書が倭女王に知らせられた。・・・今そなたを親魏倭王とし、金印と紫色の紐をかし与え、そなたに授け与えるよう帯方郡の太守に送付する。・・・今をもって難升米を率善中郎将とし、牛利(ゴリ)を率善校尉とし、銀印と蒼紐をかし与えよう。」となります。・・・の部分には錦・絹・刀・銅鏡(100 枚)、真珠、金その他の土産品がリストアップされています。

　ところがその時の魏の皇帝の明帝(メイテイ)はそう言ったものの翌月の景初三年早々に死んでしまいました。そこまで言ったのだからきちんと実行され、卑弥呼は金印紫綬、難升米らは銀印青綬さらには鏡(百枚)や刀などの土産をもらって母国に帰ったと思いました。そして何人も検証をしないで、そう思い込んでしまったようです。

　けれどもまだ先がありました。よく読んでみますとどうもそうではないようです。まず印章や土産品を作って揃えるには日数がかかりますので倭の使者の一行が母国に戻るのに間に合わせることは難しいでしょうから、魏の皇帝に詣でた時にはそれらを受け取れるはずがないのです。つまり、景初二年の記述は帯方郡の太守に送っておくという約束に終わっているのです。明帝が死去して次に養子の斉王

芳が皇帝になりました。八歳の幼帝なので恐らく取り巻き連中に実権があったと思います。それで魏の政権の態度に微妙な変化が表れてきたのではないでしょうか。まず、帯方郡の太守が劉夏から弓遵（キュウジュン）に替わりました。次に、明帝死去の翌年の正始元（240）年、弓遵は建中校尉の梯儁（テイシュン）を使者として倭国に派遣し、倭王に会って詔書と土産の印綬（印章の紐）と金・錦・刀・鏡などを渡しました。でもそれには金印と銀印が含まれていないのです。ちょうど表彰が賞品付きと賞状だけと違うようなものです。ところがこの印綬を「金印と紐」と解釈して説明する著書があります。それは注意深く三国志を読んでいないということです。本の中には「紫綬の栄」と書かれている翰苑を金印受け取りの根拠に挙げていますが、それは著者の誤解です。翰苑の作者は紫綬だけでも「栄誉」としたのでしょう。この正始元年の書き方を、陳寿が記述の重複を嫌って略載したと解するにはあまりにも違い過ぎます。むしろ約束通りの土産品を持って行かないのをバツ悪く感じて、誤魔化した風の書き方と思われます。

　帯方郡太守が景初二年の時に関わった劉夏と弓遵の交替は、いきさつを知っている劉夏が替えさせられたからか、皇帝が約束を果たさない新政権への失望と倭への後ろめたさで劉夏が自ら辞任したのか定かではありません。

　もし景初二年の下賜品は難升米らの使者が倭に帰る際に持って行ったとすると、では正始元年に梯儁が持って来た物は何かということになります。まさか魏が夷蛮の国へ貢献するはずがありません。それがなにより証拠には「貢献」という文字は使われておらず、従って景初二年の下賜品以外には考えられないことになります。正始元年

表-3 　　　　　魏の皇帝の倭国への下賜品リスト

品目	景初二年		正始元年	
印	金印	1個		なし
	銀印	2個		なし
綬	紫綬	1個	印綬	種類と数不明
	青綬	2個		
布	絳地交龍錦	5匹	錦	種類と数不明
	紺地句文錦	3匹		なし
	地縐栗罽	10張	罽	種類と数不明
	細班華罽	5張		なし
	蒨絳	50匹		なし
	紺青	50匹		なし
	白絹	50匹		なし
金属	金	8両	金	数不明
刀剣	5尺刀	2口	刀	種類と数不明
鏡	銅鏡	100枚	鏡	数不明
他	真珠	50斤		なし
	鉛丹	50斤		なし
	采物	なし	采物	数不明

（綬：ひも、絳地：赤い布地、縐：縮み、罽：毛織物、蒨：鮮やかな、采物：祭祀道具、鉛丹→鉛丹：オレンジ色の顔料）

　の梯儁の土産物は表-3 で示す通り景初二年の明帝の約束のリストの品目のほぼ半分に減らされ、しかも最重要の印章がなく、数については記載がないのでどれだけ削られたのか見当がつきません。結局、卑

弥呼達には金印・銀印も鏡百枚も届けられなかったことがわかって、これまでの三角縁神獣鏡を含めて百枚の鏡の議論はなんだったのか、これに費やした時間と労力は空費だったのかという思いです。はからずも明らかになったことは、世に言われる古代史の学者は必読本である三国志をいかに読んでいないかということです。

　もっとも 983 年に書かれた太平御覧（タイヘイギョラン）に引用されている魏志（三国志の魏書のこと）では三国志・紹興本の記載とは異なっており、明帝が授けるとしたものは詔書、雑錦、采七種、五尺刀二口、銅鏡百枚、真珠、鉛丹などに少なくなっている上、梯儁が持って来たものは倭王の印綬のみと、極めて貧弱になっています。これは紹興本より古いので三国志の原典であるとする観方がありますが、太平御覧の作者が見た書が粗雑だったのかまたは略載の可能性がありますので、三国志の原典と断定するのは危険でしょう。

　景初二年では三国志が男生口四人、女生口六人、班布が二匹二丈なのに対して太平御覧が男生口四人、女生口六人、班布が四匹と特に変わりがありませんが、卑弥呼が死んだ後の台与（イヨ）が掖邪狗（エジャク）を朝貢させた時では三国志が男女生口三十人、白珠五千孔、青大句珠二枚、異文雑錦二十匹に対して太平御覧の記述はなしです。台与に対しては倭王への詔や印綬の下賜も記載されていません。翰苑の中で引用されている魏志で倭は景初三年に生口は男四人、女六人、班布二匹二尺を献じるとし、魏は新（親の誤字）魏倭王の詔と金印紫綬を与えるとするのは作者の誤解でしょう。また正始四年に倭は生口を献上したとしていますが、下賜品は書かれていません。

　太平御覧も翰苑も年ごとの記述がない上、誤字・脱字・脱文（省略）・加字などが幾つもあって、信頼性に劣ります。

品目	景初二年の倭の献上品	正始四年の倭の献上品	正始四年の魏の下賜品	倭壹與の献上品
生口	男4女6	数不明	すべて	30人
班布	二匹二丈		なし	
絳地		数不明		
絳倩縑		数不明		
倭錦		数不明		
異雑錦		数不明		20匹
帛布		数不明		
緜衣		数不明		
真珠				5000孔
青大句珠				2個
丹		数不明		
木弣		数不明		
短弓矢		数不明		

表-4　　　　　　　　倭の献上品と魏の下賜品

（班:まだら、絳:あか、縑:撚り合わせ、帛:きぬ、緜:わた）

　それでも三国志・紹興本によれば、明帝の待遇に倭王卑弥呼は上表文には感謝で答えたと書かれている、となっています。それで筆者たちは卑弥呼が金印を受け取ったと重ねて誤解したのです。注意して読み、考えてみれば、土産ですから仮に少なくなっても受け取れば礼を述べるのは外交儀礼として当然のことであり、だからといって金印等を受領したことを意味するとはならないことがわかります。

　正始四年の倭からの献上品は景初二年の時より数は不明ですが、

品目は五倍に増えています。それに対して魏から授かったものはゼロです。さらに台与の献上品は品目こそ半分ほどになりましたが、量的にはかなり多いのに見返りはありません。これらのことから魏の対倭政策は転換されたとはっきり言えるでしょう。現在でも色々な場で、新任者は「前任者から聞いていない」と言い逃れの手段に使いますから、斉王芳政権のやり方はその古版ではないでしょうか。

　さて、陳寿はどのような思いでこのくだりを書いていたか、推量してみたいと思います。三国志・東夷の章の序文で、と言いましても見出しはなく、その位置と内容から後世の人がそう呼んでいるに過ぎないのですが、そこには**中国失禮　求之四夷　猶信故撰**「中国、すなわち黄河中流域に興った国々は礼を失っている（その一つは魏の斉王芳政権です）。それで四夷の東夷・北狄・西戎・南蛮に礼を求めるところである。なお信じ、故に本書を撰するものである」とあります。

　本国は人心が乱れて礼を失ってしまったので東夷の国にこれを求める、それがこの章を書くモチベィションであると述べている陳寿は政権が約束を果たさない行為を書くのはさぞかし苦しかったことでしょう。それだけにぼかし気味あるいは省略して書いているとも、東夷の章の序文の意義があるとも、また晋の時代に代わって歴史叙述家として記録だけは残しておこうと書いたとも受け止められます。もし景初三年に明帝が死ななければ、あるいは景初三年に斉王芳政権が約束したことであれば金印銀印下賜の約束は果たされた蓋然性はありますが、皇帝の死による交代によって責任感が薄くなり、そして東北地域に勢力を張っていた厄介者の公孫一族を滅ぼして宿敵呉に対する優位さがほぼ明らかになって魏における倭の存在意義は薄れた、他方戦いが続いて財政が苦しくなったという状況の変化が政

策転換に影響したのかもしれません。なお、倭に対する魏の政策転換は東夷諸国全般、それどころか属国全体に対してなのか、そこは読者の皆さんに探究をお願いしたいと思っています。

　余談としては倭による魏への最初の朝貢は景初二年が正しいということで、景初二・三年論争は決着したと付け足します。

三、卑弥呼は狗奴国と戦ったか、「不和」の意味は？

　卑弥呼等への不渡り事件の次は「倭女王卑弥呼與狗奴国男王卑弥弓呼素不和」の不和の解釈をめぐる争点に移ります。すなわち「不和」は「仲違い」の意か「同意しない」の意かということです。中華共和国に赴任していた人に伺ったところ双方の意で使われるとのことでした。辞書にもあります。これには「素」という字が狗奴国王の名前の一部か、それとも「もとより」の意味かに関わってきます。なぜなら多くの人が「素不和」の前で切って「もとより仲違い」と読んでいるからで、ただ浜名と岩元元昭氏だけが卑弥弓呼素までを名前とし、ヒミクコシとしています。筆者は「弥弓」の「弓」は「弥」の旁を省略した文字として「弓呼素」を「みこし」と読み、日神信仰から「神輿」に繋がると考えましたが、投馬国の官が彌彌、彌彌那利とあって省画文字説は否定されます。他方日本書紀・寛文九年本には「王」に「こきし」と仮名が振ってあって「弓呼素」を「こきし」と読む可能性が出てきました。すると卑弥王となり、これは意味が通じるものの卑弥呼の「呼」をどう解釈するのかが問題になります。

　仲違い説に対しては、①倭人の節の前半で狗奴国を「女王には属していない」と紹介した際に「仲は良くない」となぜ書き加えなかったのか　②三国志は戦闘記述のない頁がないぐらい戦いが多く、いうなれば不和だらけであってとりたてて東夷の小国間だけに不和など

56

と書く必要はなかった　③「素」を「もともと」の意として「もとより不仲」とするならいつから、何が原因で不仲になったのかを記していない　④不和の後に記される「相攻撃」というのは、岩元氏によれば口撃であって、武器を持って戦う「交伐」とは異なる　⑤狗奴国想定の筑後川の南は鉄の武器はほとんど出土せず、戦いの考古学資料がない　⑥卑弥呼を敵にするというのは倭国と戦うことであって長期戦が予想されるのに、七八十年前の倭国の乱の戦いのような「相交伐**歴年**」の歴年がない　⑦工事中に敵に襲われる危険がある中で構築に何カ月もかかるかもしれない卑弥呼の大きな墓を作っていられるであろうか、またその経済的余裕があるだろうか　⑧戦いがあったにしては兵数や結果も記述していないのは奇妙　⑨戦いで死者・負傷者が多数出たであろうに、戦力を弱める百餘人もの人を殉葬するだろうか、また戦力不足を補う経済力の余裕があるだろうか　⑩原文の「倭女王卑弥呼與狗奴国男王」の「與」は「と」の意味であり、倭王と認められた卑弥呼と狗奴国王が同格になってしまう。戦いがあれば、なぜ「卑弥呼撃卑弥弓呼(素)」と書かなかったのか　⑪三国志本文の「正始八年太守王頎(オウキ)到官　倭女王卑弥呼與狗奴国男王卑弥弓呼素不和　遣倭載斯(サイシ)烏越(ウオ)等詣郡　説相攻撃状　遣塞曹掾史(サイソウエンシ)張政(チョウセイ)等齎詔書黄幢拝仮難升米為檄告喩之」では倭が載斯と烏越を帯方郡に派遣して相攻撃の状況を説明する前に倭女王と狗奴国男王が仲違いであることを知っていることになるが、いつ知ったのであろうか。もし不和が戦いならその時に言ったのではないか。張政を倭に派遣して難升米に詔書と黄幢(皇帝直属の司令官を示す黄色の旗)を与える際に告諭しているが、戦いがあって告諭するなら<u>当事者の倭女王と狗奴国男王</u>

にすべきなのに、魏の皇帝に代わる司令官の難升米にしているということは両者の戦いと関係なく、せいぜい「魏のためにしっかり頑張れ」と激励したのではないか。といった疑問点があり「仲違い」と訳すには無理が感じられます。

　では「不同意」とすると、誰に、何について言っているのでしょうか。岩元氏は卑弥呼を帯方郡太守にするとした約束を破って王頎(オウキ)を就任させたことに対して、魏に同意しないと言っていると述べます。でも、卑弥呼を太守にする約束の明確な文は見当たりません。しかも、年老いた夷蛮の女を自国の領土の責任者に就任させることなどとてもありそうもなく、岩元氏もそのような人物を郡の太守に就かせた用例を提示していません。

　そこで筆者は、「卑弥呼と卑弥弓呼(素)が一緒に魏に対して魏の酷いやり方には同意できない」と書かれている解釈を提示します。魏の酷いやり方とは、なんといっても現在のビジネスなら契約不履行で損害賠償の訴訟事件となり取引中止となるような明帝が約した下賜品が欠品だらけだったことでしょう。その上、卑弥呼の頭越しに難升米に黄幢を与えられては倭王卑弥呼の顔は丸潰れです。卑弥呼は部下に次々魏の官職を与えられて倭王の権威が弱くなるのを恐れ、それは単に卑弥呼の問題だけでなく倭人全体の独立性の危機ということで同じ卑弥家の狗奴国王にも協力を得て、一緒(「與」の意味)になって魏に対して異を唱えたのではないでしょうか。

　ほかの解釈は間違いだと断定できるほど自信も勇気も持ち合わせていませんが、この説の方が冊封国と属国との力関係の生々しい交渉と一国の統治者としての心境を表していて、諸説の中では相対的に合理性が高いと思われます。

四、卑弥呼の死の原因は?

　卑弥呼の死去について幾つかの謎を秘めています。なんといってもその原因が不明です。推理する上でのキーワードの一番目は以死の「以」、次に「不和」と「告諭」それに「檄」「黄幢」、あまり着目されない「高齢」というところではないでしょうか。

　井沢元彦氏は松本清張の弁を援用して「不和」を戦いとし、「以死」を卑弥呼は「狗奴国との戦に負けたので死んだなど」と小説まがいの話にしています。中には負けた責任を取らされて自害するよう告諭されて自害したとか魏の手によって殺された説もあります。2016年、平戸市根獅子遺跡(弥生中期)から鏃が刺さった女性の頭骨が出土し、出土した所が平戸だけにさすがにこれを卑弥呼の頭と断定したとは聞いてはおりませんが、卑弥呼が前線に立って戦いの指揮をとった前例とする説を耳にしたことはあります。

　小島憲之は以、復、自、如、若、宜、当、将、応、可という字は訳には使われない**助字**として直ぐ前の字の強意あるいは句の字数合わせに使われることがある、と用例を挙げて説明しています。小島説に従えば「卑弥呼以死」の前の文字列は「拝仮難升米　為檄告諭之」と五字が続いていますので、「卑弥呼死」に以を加えて五字が揃います。「卑弥呼が死に、径百餘歩で殉葬者百人余の冢を大いに作った」とスッキリ感のある文になります。

　問題の「卑弥呼死」のある正始八(247)年の項には、順に

❶王頎(オウキ)が帯方郡太守に就任

❷卑弥呼と卑弥弓呼素が不和

❸倭の使者烏越(ウオ)らが帯方郡に行って相攻撃の状況を説明

❹魏は使者張政(チョウセイ)を派遣。難升米に黄幢を渡して告喩

❺卑弥呼が死に径百餘歩で殉葬者百餘人の家を作った

❻次の男の王に国中不服で争いとなり死者は千余人

❼十三歳の台与(イヨ)が立ってやっと国中が収まった

❽張政らは倭国に来て壹與に告喩した

❾壹與が使者二十人を魏に派遣して土産を献上した

と多くの事柄が書かれています。全部が一年内に起こったとは到底思えません。複数年分とすると正始八年以前のことか、それ以後のことか不明です。ですから卑弥呼は狗奴国との戦いで負けて、その責任を取らされて魏によって死に追い込まれた、とか既に殺されていたなどと語られているのでしょう。もし卑弥呼は死んでいたとすると二年前の正始六年の記述にはないので、その間に起こったのかもしれませんが、その証拠はありません。

それまでの記述とガラッと変わり、各事柄の年が記述されていない粗雑な書き方は、もしかしたら新政府の礼を欠いた行為に陳寿の倭に関する執筆意欲が萎えて大雑把に、そして早く倭の執筆から解放されたくて急いだかもしれません。

陳寿は卑弥呼を高齢者としていますが、それを知ったのは景初二年に倭の使者から聞いた時か、正始元年に魏の使者が卑弥呼に会った時か定かではありません。

結論として、卑弥呼は狗奴国王と連合して不同意を唱えたにもかかわらず難升米に黄幢が渡され、倭王の認定も取り消されてしまい、ひどく落胆して生きる意欲を失い、高齢による衰え、もしかしたら持病が悪化して死去したとする見方の蓋然性が高いと判断します。

繰り返しますが、台与が魏に使者を派遣する際は男女生口三十人、

白珠五千孔、青大国珠二枚、異文雑錦二十匹とこれまでより献上品の量を多くしたのに、返礼は何一つありません。それだけ倭の扱いは一層悪くなったのでしょう。魏としては、公孫は敗北し、呉や蜀に対する優位性が明らかになって倭の価値はかなり低下してきたことと、次の斉王芳は幼帝であることで皇帝の取り巻きが政策を転換したと考えられなくはありません。

　なお、卑弥呼の墓に関する記述は円墳か、前方後円墳の円の部分、土盛りはしておらず円がわかるような仕切りがしてある程度と意見が分かれ、殉葬については必ずしも墓に埋葬したとは限らず墓から離れた所に埋葬された可能性がある、殉葬者数が百人というのは多過ぎるといった主張もあります。墓の場所となるとさらに混迷し、奈良、半島の高霊、糸島などが提案されています。また、既に盗掘されていて遺物が見つからないので墓の場所はわからないだろう、との意見もあります。その盗掘も含めて特定するにはどれも確たる決め手がなく、提唱者の信念に大きく依存している状況です。筆者の見解は？住居とさほど離れていない所に限定して17頁の邪馬台国の領域内の可能性が高いと思います。ただ径百歩という大きさは、土を盛ってからの測定方法「円周は2πr」でわかるとは限らないので土を盛る前に直径を決めたでしょうから、一歩は左右の足を送った現在の二歩という説を採用すると 100 メートルを超える大きなものが想定されます。赤村遺跡は自然の地形と言われるし、祇園山古墳で66もの人骨が出たのは古墳群全体ですし、ウーム、では金銀箔を施した鉄鏡が出たと言われる日田市のダンワラ古墳はいかがか。1933 年に鉄道工事で石棺から発見され、2019 年に中華共和国の研究者に曹操の墓から出た鏡とよく似ていると言われたのですが・・・？

〔3〕倭国と大倭国の戦い、
ヒミ家・者アメ家・アマ家

一、倭国と大倭国の並存と戦い

1)隋書の奇妙な書き方

　これからしばらく、東アジアの大陸の国と日本列島の国との国際関係の記録を見ていきましょう。まず、南には陳、北には北斉と北周に勢力が分かれていた東アジアの大陸を 581 年に統一した隋について、魏徴(ギチョウ)と長孫無忌(チョウソンムキ)が 656 年に書いた歴史書の隋書(ズイショ)の記述から始めます。

　その本の倭国の節では 600 年に王の阿毎多利思比孤(アメ・タリシヒコ)が隋に使者を遣わした、と書かれています。ところが、日本にとって重要なこの国際関係の出来事を日本書紀は全く触れていないのです。607 年になりますと、隋書は多利思比孤の使者が隋の皇帝の煬帝(ヨウテイ)を怒らせたとあるのに、日本書紀は単に遣隋使として小野妹子を派遣した、と書くに留まっています。そして翌年、煬帝は裴世(ハイセ)を倭に送り、倭王を謝罪させていますが、日本書紀は大唐の使者裴世清(ハイセセイ)と小野妹子が筑紫に着く、などと頓珍漢な遣り取りを記してしまいました。しかも、日本書紀編集者はとんでもないミスを犯したのです。隋の時代に、知ることは絶対に不可能な未来の国の唐と書いてしまいました。隋書と日本書紀の記述は見事なほどチグハグです。その原因は、日本書紀を書いている国が本当は遣隋使を派遣していないからとしか考えられません。ということは隋に使者を派遣したのは奈良を除いたいずれかの国の王ということになります。本当でしょうか。

62

2)旧唐書がはっきり並存を示す

618年、それまで大陸を支配していた隋国を李淵(リエン)が禅譲というかたちで滅ぼして、唐国を建てました。やがて945年に劉昫(リュウク)によって書かれた旧唐書(クトウジョ)には、既に奈良の国として紹介した「大倭国」ではなく「日本」が「倭国」とともに節を設けられて並んで登場しています。唐書の圧縮版として編集された「唐会要(トウカイヨウ)」では、「日本」と「倭国」は別の国であることを一層明確に表記しています。まず、倭国の節では631年に阿毎の使者が唐に朝貢し、唐の接待役の高(コウ)が使者の倭の王子と争う、としています。ところが日本書紀は前年に大唐への使者を遣わすとし、さらに632年には大唐の使者・高表仁(コウヒョウジン)を難波津でもてなすとあります。一年ずれるのは旅程の関係で合理的ですが、唐側が倭に使者を派遣すると記述していないのにどうして大阪でおもてなしができるのでしょうか。王子が唐と争ったままで和解していないので、唐書は倭が648年に新羅に頼んで表(ひょう・口上書)を送ってきたと記しています。以降、倭国について何も書いておりません。しかしこの後、日本書紀の一方的な記述が続きます。すなわち661年に唐・突厥が高麗と百済を攻めたので援軍を送る、663年に白村江で唐・新羅軍に敗北し、唐から使者254人が来て、直後に大唐へ使者を遣る、669年に大唐が2000余人遣わす、671年に大唐から2000人来る、というものです。実におかしいです。唐が使者を254人、さらには2000余人も出していながらなんら記載しないことは考えられません。日本書紀の記述は十中八九創作文と言えるでしょう。ここで日本書紀の綴りは終わって続日本記に引き継がれます。続日本記には702年に粟田真人を使者に選任し、翌年に去年は遣唐使が

渡海できなかったとしています。旧唐書は703年以降、「日本」の節しか記録しておらず、その703年には「真人が来る。670年に日本は倭国を併せると言うけれど、大を誇り、誠実に本当のことを応えないので疑っている」と記しており、真人の派遣は日本と唐の記述が整合しています。続日本記からまっとうな記録になったと言えます。

そこで「日本」はいかなる国かと申しますと、1060年へと先に飛びますが欧陽脩(オウヨウシュウ)と宗祁(ソウキ)の二人が書き上げた新唐書では、倭国の節は設けずに「日本」の節の中で「初主は天御中主、彦瀲(ヒコナギサ)までの凡そ32世は筑紫城に住む。神武が大和州に移す」と、さらに以下漢風諡号の天皇名を列挙しており、他方の先代旧事本紀も天皇名を記していることから「日本」という呼称は大倭国の別名あるいは後の呼び方ということがわかります。新唐書はなおも670年に「倭」から「日本」に改名した、と書き加えていますが、するとまたおかしい点が浮上します。なぜなら、繰り返しますと日本書紀には唐から2000人も来たとした671年に「日本」に改名しているのですから、「日本」への改名記事は新唐書ではなく旧唐書に書かれるべきではないでしょうか。旧唐書にその記述がないことは、とりもなおさず日本書紀の時代に大倭国は遣唐使を出していないことになります。ということは大倭国が派兵したとする白村江の戦いも、その信憑性はほんどないものとなるでしょう。

肝腎の倭国と大倭国(日本)の並存についての確実な証拠は、旧唐書に「日本国は倭国の別種」と書いてあることです。ちょうど三国志・倭人の節の「女王の東にまた国があり、倭種」と重なっていて同じものと考えられます。つまり本流ではないことでしょう。ここで大倭国・日本国は倭国の別流であることが明らかにされました。

整理しますと、隋書では「倭国」のみ、旧唐書にあっては「日本」と「倭国」の並存、新唐書では「日本」のみの存在を示していて、列島の代表国の歴史的変遷を物語っています。唐の役人の猜疑心はともあれ、真人の弁を真に受ければ670年までは倭国と日本は並存していたことになります。それは日本側の文献でも先代旧事本紀に「倭国と大倭国とは別の国」として記されていることで裏付けされます。

3) 隋書に出る前の倭国は?「倭国の五王」の出身国は?

　時代を遡って恐縮ですが、隋の前の時代の倭国の状態を考えてみましょう。列島の東から伝わってきた土偶と石棒の文化は近江市の相谷熊原遺跡・松坂市の粥見井尻遺跡・大津市の滋賀里遺跡に広めながら橿原市の橿原遺跡や御所市の観音寺本間遺跡に到達しました。土偶と石棒といった物や方法の文化伝播は人の移動が伴わなくても可能ですから、東北や関東の人が奈良に来たとは言えません。ただし、近隣からの移動はあり得えます。

　次頁の渡邉庸雄氏の地図によれば当時はまだ奈良盆地には湖あるいは低湿地帯があって、強力な勢力が育つほど立地条件が良いと言えません。それ故、縄文土器を扱う人々はかなり少なめであったことでしょう。やがて御所市の中西遺跡の水田跡で知る水耕稲作や銅鐸が伝わり、唐古・鍵遺跡が構築され、銅鐸の製造元の一つとなりました。水耕稲作や銅鐸製造は高度なあるいは長期に亘る技術が必要なので、文化伝播に伴う人の移動もあった可能性が高いと言えます。

　稲作文化は岡山市の百間川原島遺跡、伊丹市岩谷遺跡、八尾市の池島・福万寺遺跡、高槻市の安満遺跡などの水田遺跡から常識的に西から移ったと思われますが、水田が六枚も発見された砂沢遺跡は青森県にあり、東北からの南下もあって、人の移動は西からだけとは限ら

図-9　奈良盆地の遺跡と奈良湖

ないようで
す。
　やがて別
の文化を伴
ってきた人
が来たのか
銅鐸が消え
て、鏡と前
方後円墳が
広まり、纏
向に大きな
建物が建つ
ようになり
ました。
　渡邉氏に
よる全国遺
跡報告総覧
の調べでは、

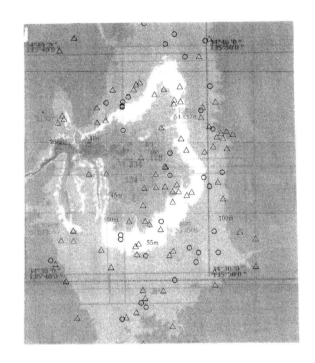

渡辺庸雄氏が奈良文化研全国遺跡報告便覧より作図

（湖は白地に囲まれた灰色部分。〇△は弥生時代の遺跡）

纏向の建物は古墳時代とのことですので、関西の勢力が力を拡大し
たのは中枢勢力が狭い奈良から大阪や滋賀へと領域を広げてからと
思われます。あまりにも政治体制・文化の変容が大きいので騎馬民族
が政権を乗っ取ったとの説が出るほどですが、日神信仰を示唆する
桃の種が出土しているし、反対に馬の骨の出土が極めて少ないし、鐙
や鞍を使うのは農耕民族が使う馬だということで否定される傾向で
す。騎馬民族の真偽はともあれ日本書紀における大己貴神（オオアナ

ムチノカミ)や事代主神(コトシロヌシノカミ)の出雲への赴任や神日本彦磐余彦尊(カムヤマトイワレヒコノミコト)一派による奈良の征服、これらの神・尊の実在を証明できませんが、このことは九州の人物が東へと移る様相を表現したものと解することができます。

奈良の勢力は次第に拡大しましたが、1060年の新唐書の日本の節で「日本」(関西勢力)の使者が「日本は小国で倭に併合されていた」と述べているのですから、まだ弱小で倭国(九州勢力)の一部であったということです。それがいつまでのことかが問題です。

隋書以前の日本列島の国の歴史を示す外国の資料には大陸の宋書・南斉書・梁書、半島では三国史記・三国遺事、日本の日本書紀・古事記がありますが、半島と日本の資料は年代が不明のことと事柄がかなり隔たっており、引用文献も明記されておらず、人物の実在と事績の信憑性が危ういです。

古代の大王の生没は肥後和男らによれば男大迹王(オオオドノオオキミ、後の継体天皇)から記入され、中には実在を怪しまれる王も居るとのことです。そこで実年代の研究が盛んですが、研究者によってまちまちという状況です。安本美典氏は在年数の統計をとって算出していますが、彼は講演であくまでも日本書紀ではこのように算出されるだけで、史実であるとは言ってないとことわっていました。ところが話を聞いているとあたかも天皇が実在しているような錯覚を与えました。事実、安本氏の手法を模倣したと思わせる後続の研究者の発表は史実と日本書紀内のバーチャルなものとの区別をせずに述べています。そして巷間でも垂仁はいつ頃だとか崇神が朝鮮半島から渡来したとか実在の人物として、また書かれた事績を歴史の事実として語られることを耳にします。日本書紀を歴史データとして

使用する場合は、事前に各大王が<u>実在したことを証明する必要があ</u>
<u>ります</u>。その作業をしなければ科学的研究とは認められず、ドストエ
フスキーの「罪と罰」に登場する人物を分析したこととなんら変わり
がないのです。しかし、日本には日本書紀・古事記より古い文献や墓
から天皇の実在を示す文字がないところから（上宮記は古いとされ
ていますが、年代・撰者は記されていない）実在を証明するのが困難
な状況です。

　問題は大陸の文献に 413 年から 502 年の間に倭国が東晋・宋・南
斉・梁の国々へ順に朝貢したと記録されている、俗に「倭国の五王」
（<u>大倭国ではない</u>）と呼ばれる中国名で讃・珍(弥?)・済・興・武の
和名がわからないことです（413 年に東晋に朝貢した王名が晋書にな
く、また珍は梁書では弥となっていて 6 人説もあります）。

　従来から彼らを日本書紀に登場する人物名に比定するゲームのよ
うなことが行われています。なぜゲームのようかと言いますと、1688
年に松下見林が最初に比定説を述べた後、データの前処理として日
本書紀にある大王の実在の証明や松下の仮説の真実性を検討しない
で、方法論を鵜呑みにした後続者が各自の主観に基づいて比定した
人物の仮説を出しているからです。

　はっきり言って比定説は成立し得ません。その理由の第一は、最も
基本的なことですが、大王の実在が証明できない上、生没年が書かれ
ておらず年代は不明だからです。第二は大王の誉田（ホムタ、後の応
神）・大鷦鷯（オオサザキ、後の仁徳）・去来穂別（イザホワケ、後の
履中）・瑞歯別（ミツハワケ、後の反正）・雄朝津間稚子宿祢（オアサ
ヅマワクゴノスクネ、後の允恭）・穴穂（アナホ、後の安康）・大泊瀬
幼武（オオハツセノワカタケ、後の雄略）らの系譜をどのように切り

68

取っても五王の系譜と整合しないのです。そのため大王以外の人物を充てた案も出ていますが、皇帝から認められた王は一国一王という冊封体制の原則に反します。第三は、新唐書で日本（関西勢力）の使者が600年に中国と初めて通じたと述べていることです。ということは讃や珍などの大王は奈良から来ている筈がありません。その前の遣隋使と呼ばれるものは隋ではなく、大唐に行ったとしていることなど701年までは日本書紀と大陸の文献とは整合していないので、筆者は日本書紀の編纂者は本当のことを書いていない、すなわち大倭国の最初の外交は703年の訪唐と見ています。

　第四の理由は、大倭国が沖ノ島を経由して半島とアクセスするために開拓したルートとする説がありますが、むしろ半島を脱出する人が九州への渡来の先発の卑弥一族の対馬経由ルートに対抗したものとした方が蓋然性は高いと思われます。もし大倭国の常用ルートとすれば、対馬や呼子・唐津湾などの海人族が利権を奪われやしないかと当然沖ノ島を襲撃するでしょうし、それを恐れて大倭国は兵を常駐させた筈ですが、その跡が見られません。

　第五の理由は、王の姓が讃や武といった一字という点です。朝鮮には今日まで半島独自の一字姓もありますが、大陸の影響を受けた一字姓が多くあります。倭国も後漢書にある帥升（帥は将軍の意味とすると姓は升）や三国志に出る難升米が該当すると言えるでしょう。長い間冊封体制の下にある倭国は支配国をおもねることが身についていて、あるいは大国への憧れがあって大陸姓を名乗った人が居たと解せます。戦後、アメリカの文化・文明がどっと入って来て、ジョージ秋山といった半分アメリカ名やエドガーアランポーをもじった江戸川乱歩という作家名が例証に挙げられます。その点、位置的に倭国

より隔たっている関西大倭国は支配国との外交に慣れていないためにそこまで気が回らなかったし、視界は大陸はおろか朝鮮半島も十分入っていなかったのではないでしょうか。

第六の理由として一字姓と和名とを結びつける方法が一定しておらず、こじつけの感じがします。たとえば讃はホムタのホム、珍はミツハワケのミツ、興はアナホのアナは感嘆の意といった具合で、説得力がありません。

第七の理由は宋書の本文及び倭王の上表文に「倭国」が使われていることです。当時、関西勢力は倭国より大きいとハッタリをしているように大を付けて「大倭国」としていました。先代旧事本紀では670年に大倭国から大和国に替えたとしているにもかかわらず、續日本記には元明天皇の節に大倭国、元正天皇の節には大和国、孝謙天皇の節に大倭国、称徳天皇の節には大和国とありますから 700 年代まですっきり切り替わっていないようです。大陸の見解としては倭国と言えば三国の時代に深く交流を持った九州倭国かその系統の国であったと思われます。もしその国と異なる勢力であればドキュメンテイション上から区別する意味で別の国名、あるいはなんらかの説明をした可能性が高いでしょう。

以上、必要条件のみならず余りある十分条件を考察すれば、関西勢力が400年代に大陸に行っているとは思えません。繰り返しますが、関西勢力の<u>使者が</u>「**もとの日本は小国で倭国に併合されていた。670 年日本と改名した**」と述べているので、少なくとも 670 年までは関西の大倭国と九州倭国は並存していて、五王は九州倭国の王である可能性は高いのではないでしょうか。

しかしながら、倭国の五王を九州倭国の王と特定するには多少の

70

疑問があります。というのは国力の一つのバロメーターである鉄の出土が四世紀代には九州で少なくなり、代わって吉備・関西で多くなってきていること、それに大型の古墳が見られなくなって国力低下を示唆しているからです。九州から有力な一族あるいは水耕稲作や鏡制作の技術者などがどんどん東へと移っていって九州の人材が乏しくなってきたためと推定させます。

　となるといったいどこの国でしょうか。浮上する有力な候補の一つは吉備勢力です。岡山では複数の遺跡から紀元前10世紀の稲のプラントオパールが発見されていて古くから人が住んでいることを示し、磐余彦の東征では長い期間一行が留まる記述があるのは、相当の経済力と文化の高さを示唆しています。もう一つは伊都都比古(イツツヒコ)王国です。上垣外憲一氏によると下関から出雲さらに丹後半島辺りまでの日本海側一帯に勢力を張っていたとしています。確かに荒神谷遺跡では358本もの異常とも思える銅剣、加茂岩倉遺跡では39個もの銅鐸が出土して弥生時代は強力な勢力であったことを偲ばせています。だが、出雲国はほぼ認められるものの伊都都比古王国の存在と古墳時代には青谷上寺遺跡が突然消えていて五世紀までその勢力を維持できたかについては疑わしく思います。

　そこで、これに対し「日本書紀の記述は正確でないにしろだいたい合っているから信用できる。関西勢力は巨大な前方後円墳を幾つも構築できるほど国力を増強しているので倭国の五王は関西の勢力であろうから日本書紀の人物を比定するのは間違っていない。新唐書の記述は日本からの使者が言い間違えたか唐の役人が聞き間違えたのであろう」との主張が出てきます。それを主張するならば、日本からの使者が言い間違えたか唐の役人が聞き間違えたことを証明する

なり用例を提示して根拠を明らかにすべきです。そもそも九州について国々のみならず気候、災害、植物、動物等の記録が何一つありません。卑弥呼の時代の前の硯石が発見されており、卑弥呼が上表文を魏に送ったとしていることからその時代でも文は書いていた可能性はあるのですから、400年代は当然記録された物が存在したことでしょう。それなのに一欠けらの文字も残っていないのは異常としか言いようがありません。考えられるのは記紀編集委員会が各地から集めた記録を利用後は嘘が暴露されないように証拠隠滅を謀ったことです。むしろ、日本書紀には卑弥呼などの九州の出来事は一切記録されていないことこそ、九州倭国の五王についても抹消したと考えるのが権力闘争の歴史を理解する上で妥当ではないでしょうか。

　結局、九州倭国は衰えてきたと言っても列島の中では相対的に一番勢力があり、衰退の傾向を巻き返す戦略として大陸の国の称号を獲得しようと必死になっていたと、解釈できます。

4) 大倭国による倭国への攻勢

　戦いというものは、誘惑・脅し・口喧嘩・中傷宣伝戦といったレベルから相手同士がぶつかり合ったり武器を使ったり、住居を含む施設を破壊し、土地を占領し、兵に限らず住民の多くを殺害するレベルまで幾つもの段階があり、種々な様相を示します。

　では大倭国は倭国に対しどのような戦い方をしかけてきたのか、順に追っていきましょう。

　まず、神伝富士古文献大成（通称、宮下文書）には、大日本根子彦国牽（オオヤマトネコヒコクニクル、後の孝元）5年、磐余彦期の二度の西国大合戦で火武知命惣司令頭長は討ち死に、海軍惣司令頭長は西海で船もろとも全滅、この合戦の論功者に褒賞、豊武力命一男椎

根津命に大倭国造と為る、とあります。大日本根子彦国牽と磐余彦が一緒になって、始めからこの文書の怪しさが表れていますが、先に進めますとここでいう西国の大軍というのは漢の武帝軍、公孫軍、魏軍それとも九州倭国軍なのか不明です。倭国征伐に派遣された大倭国の軍とも考えられます。しかし、その時に「海軍」や「惣司令頭長」といった用語が使われていたのか、首を傾げてしまいます。それに、磐余彦期とあるところをみると、日本書紀に書いてある磐余彦の東への移動の際に海路を案内した椎根津彦と神伝富士古文献大成の椎根津命が同一人物であれば奈良に移って一代にして倭国を大軍で攻撃するほど発展成長したことになります。「日本」は新唐書で 670 年に改名したと大和朝廷の使者が述べた記述があるのに磐余彦の時期や大日本根子彦国牽の時期に使われていることに違和感を覚えます。また、図-9 の奈良の地図で示すように盆地のほぼ真ん中に奈良湖または湿地帯があるという立地条件の劣等性によって生産力が阻害されているために、大軍を構成し、準構造船で派遣することなどは考えられません。

　これから順次日本書紀の記述を取り上げて考察してゆくことにします。

　大足彦忍代別（オオタラシヒコオシロワケ、後の景行）大王の時代には、熊襲が貢物を納めないことで筑紫に向かい、土蜘蛛と熊襲を討ったとあります。そして、稚足彦（ワカタラシヒコ、後の成務）5 年に国造の造長制が定められたとしますが、既に先代旧事本紀では橿原朝（磐余彦朝）の代に大倭・葛城・凡河内・山城の、纒向朝（大足彦忍代別朝）時代に薩摩・大隅の、さらに志賀高穴穂朝（日本書紀では稚足彦）の代に嶋津など九州地域の国造とその長を定めていたと記

しています。奈良に政体らしきものができ始めた当時は明日香や橿原地域にしっかりした政権の拠点つくりに精一杯であって、とても九州のような遠方地まで統治できなかったのではないでしょうか。

　足仲彦(タラシナカヒコ、後の仲哀)8年、足仲彦大王が筑紫に行くと岡縣主の先祖の熊鰐(ワニ)が魚や塩をとる区域を差し出し、伊都縣主の先祖の五十迹手(イトトテ)は引島(彦島)まで出迎えて「天下を平定していただきたい」と述べています。これは大倭国が倭国を併合する前に倭国陣営の小国の裏切り・寝返りを、あるいは倭国は局所戦で戦わずして負けたことを意味しています。塩は戦後間もない頃でも貴重な食材でしたので、当時は極めて重要な物と考えられ、それを差し出すということは、時間をかけて説得・誘いなどの画策をしかけたのか、軍事力で脅したもののいずれかと推測できます。しかし、これには少々首を傾げざるを得ません。なぜかと言いますと、文献的には浜名によると五十迹手は伊都国の建国前、すなわち三国志の時代の前の話に登場しているのであり、年代を越えて二度も登場するからで、また、奈良盆地は足仲彦の後の大鷦鷯(オオサザキ、後の仁徳)11年の記述に「土地は広いが田んぼは少ない。河の水は氾濫し、長雨にあうと流れは陸に上がり、村人は船に頼り、道は泥に埋まる。群臣はこれを見て、溢れた水は海に通じさせ、逆流は防いで田や家を浸さないようにせよ」とあるほど酷い地理条件であって、とても九州まで圧力をかける力を生み出さなかったでしょう。恐らく後代の出来事を、時代を遡るように日本書紀を編集したものと考えられます。奈良と大阪を隔てるように走っている生駒山地南端にある亀の瀬では土砂崩れが時々発生すると、大和川の川底を上げてしまい、奈良湖を深く大きくさせたことでしょう。その対策工事はなんと1962年と

いう近年まで続いていたのです。

　足仲彦（タラシナカヒコ）9年2月に足仲彦大王が死去し、妻の気長足姫（オキナガタラシヒメ、後の神功）は喪に服しているどころか翌月には香椎宮（カシイグウ）から松峡宮（マツオノミヤ）に出かけ、さらに層増岐野（ソソキノ）で兵をあげて移動して羽白熊鷲（「翼を持ち、高く飛ぶ」という奇妙な人物表現）、5日後には山門県で土蜘蛛を殺した。次の月、臨月だというのに「西の財の国」を取る野望を抱き、肥前の国松浦県に行き、誉田（ホムタ、後の応神）期になってやっと船を作らせた記述が現れるのに早くも船舶を集めて冬の10月に新羅攻略に出かけたとしています。10月ではもう南風の確率は低い筈ですが、逆風の中、なんと舵や楫（かい）を使わないで新羅に着いた、そして新羅は一度も戦闘を交えることもなく降伏したと全く信じられないことを記述しています。新羅は九州の北にあるのに西にあるとして明らかに方角が間違っており、波沙寝錦（ハサムキン）と称する新羅の王は三国史記に見当たりません。九州に戻って臨月を過ぎること3カ月の12月に誉田を産みます。これら気長足姫についての記述は大倭国が力を持ち、倭国を圧倒しているということを表現したかったのでしょうが、あまりにも**非現実的な事績が多過ぎ**て気長足姫の実在を否定する根拠になり得ます。古賀達也氏によると、宇佐神宮の八幡宇佐宮御託宣集にある大帯姫が善紀元(522)年唐より戻った説話は日本書紀・気長足姫の巻に盗用されたことを示唆するのでは、と述べています。しかし、522年は唐どころか隋も建国される前の梁と北魏の南北朝時代であって、記紀を見た地元の人が八幡宇佐宮御託宣集を書いて神宮に奉納した可能性があり、記紀と宇佐文書の双方とも怪しげな文書と言わざるを得ません。

九州の古代史研究家の河村哲夫氏は九州には気長足姫を祀った神社が多数あって実在したと信じざるを得ないと述べていましたが、朝鮮共和国の主席や戦前の日本では天皇の写真が無数に掲示されたように政治的な力が働けば十分あり得ますので、神社の数それも全神社数の割合も調べずに判断するのはいかがなものでしょうか。

　気長足姫が実在していないとすれば、土蜘蛛の征圧、新羅への侵攻、高句麗の広開土王との戦い、白村江（ハクソンコウ）での唐・新羅との戦争などはいずれも関西勢力ではなく、衰退しつつあっても相対的には強国の地位に留まる九州倭国、新興の吉備倭国、山陰の伊都都比古王国あるいは戦いで敗れて宮崎に逃れたと想像させるアマ家の分流が力を蓄えた日向倭国、それに狗奴国などの国のいずれかということになるでしょうが、特定する材料が見つかりません。

図-10　倭国に攻勢をかけた大倭国の日本書紀登場統治者の系図(左から右へ)

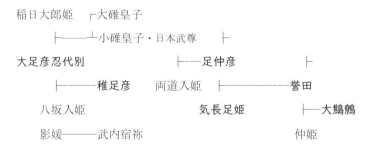

　誉田（ホムダ、後の応神）の代は倭国への圧力は少し中身が変わってきたようであります。すなわち、誉田大王は誉田９年には「武内宿祢を筑紫に遣わして人民を観察させた」、同 13 年には日向国の髪長

媛は国中で美人との或る人の申し出により召した、ということです。ここで「人民を観察」とあるのは既に征服は終わって管理の段階に入っているような表現ですし、一方、統治者の複数の妃については「召す」という用語は使っていませんので、上から目線の、つまり支配者的な言い方になっています。かつて新しい土地での権力基盤のない磐余彦の統治手法は日本書紀に書かれているところでは、地域（豪族）の娘を次々妃にしてその実家の力を自分の力に加えていくものでしたが、誉田の時代ではかなり強力な勢力基盤を背景にした抑え込みを窺わせるものです。

　男大迹（オオドノ、後の継体）大王の21年に筑紫の国の磐井（イワイ）が謀反を起こしたとして物部麁鹿火（モノノベアラカイ）大連は男大迹大王から将軍に任命され、印綬を与えられ、「筑紫国より東は自分が治め、西はお前が治めよ」と討伐のモチベィションを煽られて翌年、出兵しました。磐井を斬って鎮圧しましたが、その後、麁鹿火が九州の統治者ましてや倭国の王になって君臨したのかは定かでありません。磐井が九州倭国の王とするならばこの事件で倭国が滅びたはずですが、ではなぜ旧唐書に倭国と日本（大倭国）が並記されているのでしょうか。筑紫といっても律令制度で筑前と筑後の領域を設定されるまでは大雑把に九州全体を指していたようで、磐井は熊襲か隼人であるか定かではない九州の一部の勢力であって、九州倭国の王がこれを鎮圧したと、そしてこの話を日本書紀編纂者が採り込んで書き入れたと解釈するのが最も合理的と思われます。

　怪しいのは外交関係です。始めに百済は天国排開広庭（アマクニオシヒラキヒロニワ、後の欽明天皇）八年に百済の使者奈率奇麻（ナソツキマ）が援軍を求めたので370人を送って城を作り、同じく十四年

に百済の使者杆率礼塞敦(カンソツライソクトン)が軍兵を乞うたので馬・船・弓・箭を賜ったなどの外交記述はその後もずっと朝鮮の三国史記には書かれておらず、やっと 652 年に百済は倭国と国交を結んだとしているのです。ということは 652 年以前には外交関係がないはずなのに支援を求められたのでしょうか。このように日本書紀と三国史記の記述が異なり、どちらが正しいのか、どちらも怪しいのかわかりません。

　肝腎の白村江の戦いになると唐の文献との三つ巴で怪しさが倍増します。まず三国史記の百済本紀では 660 年に唐高宗の兵十三万と新羅の金春秋の軍及び新羅五万の軍隊が徳物島に着き、白江・炭峴(タンケン)を通過したので百済の決死隊五千が新羅軍と四度戦い、全部勝ったが、力尽きて敗北し、そして降伏し、以降のことと倭の援軍については一言も書かれていません。一方新羅本記では、同じ 660 年に唐は陸十三万の兵で百済を討伐し、新羅王に援兵を出せと勅命を下したとあり、百済本記と符合しています。しかし、翌 661 年には新羅軍は賓骨壌百済軍と戦うが敗退したとも書かれています。百済は既に昨年降伏して滅びているはずなので、誤認識か百済の残党が居たのでしょうか。そしてそれ以降、百済に関する記述はありません。日本書紀では天豊財重日足姫(アマトヨタカライカシヒタラシヒメ、後の斉明)6 年すなわち 660 年に百済の使者が来て、新羅が唐人を連れて百済は転覆させられたと支援を求めてきたので、約束した旨書いています。翌 661 年には援軍が百済の耽徳島(タントクトウ)に着きましたが、大王の豊財重日足姫が死去したと。662 年、天命開別(アマミコトヒラカスワケ、後の天智天皇)が即位し、百済に援兵を送り、663 年に白村江で唐新羅連合軍と戦って敗北すると記してあって、年

のズレを生じています。ところが旧唐書では不思議なことに白村江のこと及びその後の665年に唐が使者254人を派遣し、直後に日本が大唐に使者を派遣したこと、669年に「大唐へ河内直鯨（コウチアタイクジラ）を遣わし、大唐が郭務悰（カクムソウ）ら二千人を遣わしたこと、及び671年にも唐が倭へ派遣したという日本書紀の記事は一切ありません。669年に大唐から2000餘人さらに671年に2000人来たことも書いておりません。これは一体どういうことでしょうか。一つは白村江の戦いなど存在せず、日本書紀が勝手に作り上げた物語、二つは唐が故意または過失で記述しなかったという二通りしか考えられません。年はズレが生じている上、倭の援軍を記述していないものの唐と新羅が攻めてきたという三国史記・百済本記をどのように解すればよいのでしょうか。一つは唐・新羅軍は攻めてきたが倭軍の援兵は頼まなかったし来なかった、二つは倭軍の援兵は来たが朝鮮民の自尊心が傷つくので記録しなかった、三つに白村江の戦いはなかった、の三通りが考えられます。三国史記は金富軾（キンフシ）による1145年の作成なので白村江の戦いが書かれている日本書紀の創作文を見て書いた可能性は十分あります。

　しかしその後大倭国が北九州沿岸に防備の工事をし、670年の天命開別9年に長門に一城そして筑紫に二城を築城した記述があるので、これは唐の襲来に備えたものであるから白村江の戦いは真実とする主張があります。それも怪しくて北九州沿岸の防備は百済を滅ぼした新羅の侵攻の備えかもしれませんし、長門と筑紫の築城は幻の白村江の戦いの10年も後のことで、対唐作戦としてはとても間に合うものではありません。

　新唐書で670年に大倭国が倭国を併合したとあるように、唐の列

島侵攻に備えたというよりむしろ大倭国が完全に倭国を支配下に置いた証と考えられます。

　それでは大倭国が倭国を併合した後は、倭国を影も形もないほど完全に滅失させて、残映すら残させなかったのでしょうか。豈図らんやそれが、残映が残っているのです。続日本記では文武天皇期の慶雲元年に夜湏（ヤカイ）王に続いて「倭王」が従四位の官位を受けています。湏は須とも書きますので夜須すなわち筑後川の上流の地域を指すと思われ、倭王はその近くの王と解することができるのではないでしょうか。かなり信憑性は低いかもしれませんが。時代は下って１５代将軍の徳川慶喜が明治時代には侯爵を授かったように、敗北者も恭順すると新しい世においてそれなりの地位を与えられており、慶雲元年の倭王は先例になったと言えなくはありません。

　続日本記の同じ慶雲元年に「唐の人が我が使者に、海の東に**大倭国**がある」と、また遣唐使になった粟田真人に正四位の官位と**大倭国**の田を二町賜うとあります。では当時、大倭国とはどこを指しているかと言いますと、大宝元年に「大倭国忍海郡」「大倭国吉野宇知二郡」、慶雲三年に「大倭国宇智郡」、和銅四年に「大倭国芳野郡」、天平勝宝元年に「大倭国法華寺」とある地域はいずれも奈良県内です。後の養老三年には「大和国」に替わっていますので、その間に大倭が大和に改字されたことを先代旧事本紀の「大倭国は大和国に」という記述が裏付けしています。大倭と大和のいずれも「ヤマト」と読むには無理があると感じられるので、権力者が強制的に読ませたと考えざるを得ません。近年「邪馬台」さえ「ヤマト」と読ませようとする人達が居ますが、彼らはどのような権力者なのでしょうか。「ヤマト」に替わるにはヘブライ語の伝播を待たなければならなかったのに。

二、ヒミ家・アメ家・アマ家の三つ巴

　まず、姓から考えてみましょう。日本書紀の神代の巻では神だから姓がなくても不思議ではないかもしれませんが、天皇家に限らず大足彦忍代別(オオタラシヒコオシロワケ)の巻には厚鹿文(アツカヤ)や迮鹿文(サカヤ)といった姓がない人物も登場しています。一方、武内宿禰(タケウチノスクネ)や熊襲梟帥(クマソタケル)は姓らしいものが付いています。もっとも宿禰は真人(マヒト)や朝臣(アソン)と同じ役人の姓(かばね)であって名ではないから、やはり姓がないことになるのかもしれません。

　姓は正式には姓氏録に記録されるようになってからでしょうが、始まりは川の上流に住んでいるから川上氏のように住まいの地理環境とか、鍛冶屋の虎さんのように職業で、また物部氏のように行政職に付けられていたものだったと思われます。以前、某渡邉氏に渡邉さんの邉は三つぐらいありますがそれぞれ意味の違いについて伺ったところ、いや十以上あって、それは1875(明治8)年の平民苗字必称義務令によって姓を自分で登録することになったものの、登録しようにも字を知らず適当に書いたので少しずつ違った文字が幾つも登録されたもので、字の違いに意味はない、とのことでした。ですから姓はずっと権力者といった特別な人が呼ばれたもので、全国民に普及したのは、歴史的にはなんと近年ということです。

　天皇家には姓がないと言われていますが、先代旧事本紀にはほとんどの人物には「天」が乗せてあり、「アマ」と読ませています。ということは川上さんが川の上流に住んでいると同じように捉えれば、天に住んでいた天家ということで、これを姓と考えてもおかしくは

ないでしょう。つまり天皇家にも姓はあるということです。

　三国志にある卑弥・呼、卑弥・句呼素及び馬韓の卑弥国の卑弥は一族の名前、王家のヒミ家とします。他方、唐書の前の時代を記録した隋書には「日本」ではなく、倭国の節に「開皇二十年(600年)倭王の姓は阿毎（アメ）、字(あざな)は多利思比(北)孤(タリシヒ（ホ）コ)」とあります。倭国から来た使者の弁でしょう。ということは当時の倭国の王はアメ家であるということです。つまり三国時代のヒミ家からアメ家に王権が交代したことを示唆しています。なにも新しい視点ではなく、戦前、浜名寛祐によって既に倭人の集団のリーダーは貲弥（ヒミ）家と安冕(アメ)家であると指摘されているのです。貲弥は卑弥に安冕は阿毎に文字が音写によって替わっています。いずれにせよ卑弥呼の亡き後は倭国の統治者の舞台からヒミ家は降りて、九州倭国、吉備国あるいは山陰国のアメ家対近畿大倭国のアマ家との列島の支配権をめぐる争いに移っていったと考えられます。

1)ヒミ家とアメ家のルーツから列島までの長旅

　浜名寛祐の主張の根拠は、日露戦争で鴨緑江に従軍中にラマ寺で見た妙な文物です。なぜ「妙な文物」なのかといいますと、①木簡ではなく紙の巻物で②それはぐにゃぐにゃした契丹文字と異なり漢字カナ文字で書かれ③しかも書名も作者名も年代もないからです。彼はこれを元に「日韓正宗遡源」という本を出版しました(近年、神頌契丹古伝に改題)。しかしその後④妙な文物もラマ寺も見つからず、⑤浜名が一緒に見たと言う人物の消息が不明で雲を掴むような巻物は贋作とか浜名の創作ではないかと言われています。筆者も怪しいと思ったのですが、佃収氏がこの書と史記や漢書などから倭について書かれた文字を抽出して時系列に繋ぐという画期的な説を提示し

て心が動かされ、目を通してみました（難解なので読んだとは言えません）。するとその文物には９種の引用文献があり、また学者を含む７人が浜名の著書を評価して添え書き等をしているので、まんざら出鱈目ではないのではと思うようになりました。

　それは初め揚子江下流域に居た倭人が遼寧省、朝鮮半島を経由して九州に来たというものです。魏略と太平御覧の「倭人は呉太伯の子孫と言う」や三国志・倭人の節の「夏后少康の子が会稽に任ぜられ入れ墨をして大きな魚や禽龍による害を避けた。今（卑弥呼の時代）倭の漁師も大きな魚や水鳥を嫌って入れ墨して魚を捕る」という文、及び雲南高原の『倭族』説などと部分的ではあるものの整合していると思わせます。そこで浜名の話を掻い摘んで紹介したいのですが、眉に少し唾を付けて目を通していただければありがたいです。

　まず、BC20世紀頃、揚子江下流域の北側に辰沄（シウ）族が居て邑を作っていました。邑、つまり国のことを繡（ク）と呼んでいましたので辰沄繡です。やがて人口が増えて北・西・南へと移動しました。東は黄海です。西には大きな湖、現在でも洪沢湖があって根拠の欠片になっており、その湖を船で渡り、もっと西に行きました。そして神農と戦ったそうです。現在、雲南省にはいくつもの少数民族がいて、鳥越憲三郎によると以前はもっと北に居たのが、漢民族の圧力で南へ移動したとしています。神農と戦った辰沄族の祖先でしょうか。さらにAD107年に書かれたとされる論衡（ろんこう）にある「倭人、鬯艸（ちょうそう）を貢ぐ」の鬯草を鳥越氏は山海経箋疏（せんがいきょうせんそ）の記述から霊芝（猿の腰掛けと呼ばれる茸）であるとし、四川省の大雪山や雲南省北端の玉龍雪山が産地と述べています。鳥越氏だけでなく森田勇造氏も雲南高原とその南一帯に住むアカ族・ラ

83

ワ族・苗族などの少数民族の習俗は鳥居・千木・しめ縄・貫頭衣・たすき・ちはや・ひれ・断髪文身など倭人の習俗に近いということで、彼らを倭族または倭人と呼んでいます。

　これを覆す説もあります。南インドのアッサム地方が源流というものです。ここには支石墓・甕棺・しめ縄・など古代の倭人・日本人に共通の習慣があり、マレーシア、フィリピン（マレー人がいる）、台湾、沖縄へと伝わったという見方です。南方の神話が伝わった説も添えられて。しかしながら、日本文化は北方と南方の種族文化が階層化された混合文化であるという岡正雄の説が説得力を持っています。

　そこで北方からの移動説の一つの流れを続けます。考古学的には朝鮮半島では最近忠州里遺跡から13000〜15000年前の稲籾が発見され、設樂博己氏によれば粟・黍はBC2500年にあり、日本列島には木製農具を作るための磨製石器の多くや有柄磨製石剣は朝鮮半島系のものが見つかっていることから朝鮮半島から流入した可能性が高まった、そして発見された古い稲籾はBC10世紀の突帯文土器についた圧痕とのことであります。物やレシピの場合は必ずしも人の移動が伴わない伝播ですが、稲・粟・黍の栽培には高度な技術や数か月にも及ぶ期間が求められる文化伝播なので人が移動したと思われます。

　他方、BC13世紀の「商」の時代には中国歴史地図には粛慎（シュクシン）という国が描かれていて、この「粛」を浜名は辰沄縄（シウク）が音写したとしています。しかし、粛慎は北海道の西のロシア領にあって辰沄族が揚子江北側を追われるのは後ですから年代が整合しないと思います。もっとも粛慎がそのような大昔に集団を組織していたか、そして黄河中流の権力中枢がそのような遠方地をも把握できたかはなはだ疑問であります。ですが、BC8世紀の春秋時代に黄河と

揚子江の間に「蕭（ショウ）」という集落が中国歴史地図に記されており、発音は違うものの粛の同属的文字と思えなくはありません。

　魏略という古文献にはBC21世紀頃に興った夏（カ）という東アジアの最初の王朝の第六代皇帝・少康（ショウコウ）の子の無余（ムヨ）が揚子江下流域の統治者として赴任し、彼が倭人の始祖になったという伝聞が載っています。

　浜名の話に戻りましょう。時代ははっきりしていませんが、辰沄謨率（シウムス）が殷王家と縁を結び、長兄の子孫の安免辰沄（アメシウ）と弟の子孫の賁弥辰沄（ヒミシウ）が登場しています。図-11で示すように、やがて南の越の北侵で辰沄族の倭人は北へと逃げ、山海経によると燕の国に移るとしてあります。秦の勃興と東進によって燕王家族は匈奴に亡命したので倭人は東の衛氏（エシ）朝鮮の方へ逃げ込みます。さらなる東侵に備えて、川と流域を説明する水経注（すいけいちゅう）という古文献の中で遼河の上流に倭城を建設したとあります。ここでこれまで優勢だった安免辰沄が賁弥辰沄に国を譲りました。国を譲ったということは倭国の成立を意味します。「国譲り」と言えば出雲がよく知られていますが、この昔の話を参考にしたのでしょうか。もっとも国譲りといった生易しいことはあり得ず、結局は経済力と軍事力に裏打ちされた力と力のせめぎ合いを後の人が脚色したものでしょう。ともあれそれ以来、卑弥呼の時代までヒミ家が倭人集団の主導者であったと想定できるでしょう。

　さて、時代は替わり漢も勢力の拡大東侵を続け、武帝は大凌河（遼河の数十キロ西）を越えました。浜名は川の近くの亜府閭（現在は医座閭、イフロ）山で淮委（ワイイ）氏と沃委（ヨクイ）氏が漢と対峙したと、さらにこの淮委が半島で淮貊、沃委が沃祖を建てたとします。

図-11　　　　　　　　倭人の移動図

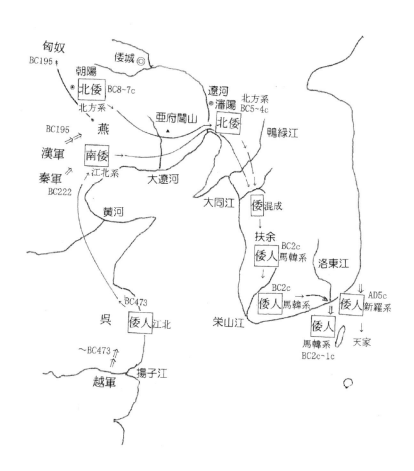

　筆者は、もし金印・漢委奴国王が本物であれば委家が「委奴国」を
建てたと想像しましたが、金印は後の章で述べるように文献との整
合性がないことが判明してどうやら架空の話になりそうです。

漢の武帝は東へと領土を拡大して大陸との境界の鴨緑江の北岸に
到達し、浜名は卑弥軍がこれに対峙したと述べていますが、史実は闇
の中です。BC108年に漢は大同江の流域に楽浪郡を置きました。その
前に半島に逃げずに衛氏朝鮮辺りに居た魚捕りが上手な倭人の残部
は、食糧不足に喘いでいた鮮卑人に連行され、川の魚を捕らされる羽
目にあったとされています。問題は辰汃族と辰国・辰韓・弁辰それに
辰国と倭国との関係、及びヒミ家とアメ家がどのような立場でどう
関わっていたかということですが、残念ながら資料が十分ではなく、
詳しく述べることができません。浜名は辰(シン)の五王統の中に謨
率(ムス)・日馬(コマ)・亐霊(カラ)に続いて**安冕・貢弥**を挙げるに留
め、三国志にある「韓の南は倭と接する」「辰韓は昔の辰国」「辰王は
月支国を治める」「馬韓に卑弥国」などの記述が微かに関係模様を描
いているに過ぎません。安倍裕治氏は銅剣と鏡がセットで副葬され
ている墓を時系列で追って、倭人阿毎(アメ)家のものとしています。

BC8~7世紀　朝陽県十二台営子1~3号墳
　　　　　　　多鈕粗文鏡と遼寧式銅剣

BC6~5世紀　遼寧省梁家村1号墳
　　　　　　　多鈕粗文鏡と遼寧式銅剣

BC5~4世紀　瀋陽市鄭家窪6512号墳
　　　　　　　多鈕細文(精文)鏡と遼寧式銅剣

BC2世紀　　全羅南道大谷里石槨墓
　　　　　　全羅南道草浦里石槨墓
　　　　　　　多鈕細文(精文)鏡と細形銅剣

BC2~1世紀　福岡県吉武高木3号木棺墓
　　　　　　　多鈕細文(精文)鏡と細形銅剣

これらをもってアメ家のものとするにはいささか早計と言えるものの山海経の「蓋国在鉅燕、南倭北倭属燕」（訳は、一般的には「‥北、倭‥」と切り「蓋国は鉅燕の南、倭の北にある。倭は‥」とされていますが「蓋国は大きな燕国の中にあり、南倭と北倭も燕国に属す」とした方が正しいと思われます。この訳し方は以前から提唱されているものの、南倭と北倭について説明がなかったので無視されています）が朝陽や瀋陽の墓が北倭を示し、魏略や太平御覧で引用されている魏志さらには晋書・梁書に記述されている「呉太伯の子孫」が南倭とする見方に真実味が出てきました。もし、ヒミ・アメ両家は揚子江下流に住んでいたとすれば言葉は当然、秦語・漢語、少なくとも非アルタイ系と言えるでしょう。北方では漢に侵犯されつつもまだ完全に征服される前であり、両倭の燕国内の時代では存在時期がかなり隔たっておりますが、漢の激しい東侵により、半島へ逃げ延びる過程（それ以前に一部は魚を捕らされるために鮮卑に連行され、一部は漢軍に殺されるか奴隷にされ、一部は遼河付近でひっそり生き延びていた可能性はありますが、それらの人の消息は全くわかりません）で両倭は混成することで、動詞が文の終わりに来るウラル＝アルタイ系の言語を習得していったのではないでしょうか。

　秦の時代には秦遺民、その後に楽浪郡が崩壊した時には漢遺民が入った朝鮮半島は極めて長期間、漢・唐・元・明などの東アジアの強大国の支配下にありましたが、古韓語とされる言葉もAD1446年に李氏朝鮮第四代国王世宗によって交付されたとされるハングル語もウラル＝アルタイ系であって現在に至っています。

　ともあれ朝鮮半島に逃げ延びた倭人達はヒミ家の一部が卑弥国を立てた様子が窺えるものの、半島の文献にも日本の文献にも表れず、

三国志と朝鮮の三国史記に半島には倭人が分布していたらしいと表現している程度です。ただ、安倍氏による鏡と銅剣が埋葬されている墓を頼りに微かな消息を辿るほかはありません。

　ただし、袁宏(エンコウ)が書いた後漢記には倭奴国が朝貢したと記述していますが、袁宏の生まれが AD328 年頃なので倭奴国など知る由もありません。では、范曄の後漢書に戻って AD57 年の「倭奴国」の朝貢記事を考えてみます。范曄書は袁宏の後漢記または袁宏が見た書を写したものと考えられますが、他方通典にある「倭面土国」との関係が心に引っ掛かります。西嶋定生は変異過程を倭面土国→倭面上国→倭面土王→倭奴国王→倭国としていますが、倭面土国は通典が書かれた唐の時代の論争材料ですし、後漢書以前に倭国の認識はあったようなので西嶋説は成立しないと思われます。安倍氏はアメ家が北九州に渡って邑を形成して拡大した時に、大陸では後漢の勢いが衰えだしてヒミ家の分派が北九州に進出し、北九州の覇権を巡って倭国の乱が起こったとするが、なぜヒミ家が分裂したのか、後漢の衰退とどのような関係があるのか、ヒミ家の分派だけが渡来したのかなどの説明はなく、さらに倭奴国の認識がありません。

　日本書紀など日本の文献にこれらの事が記載されていないのは大和朝廷の母体である大倭国の人物と関係がないからと思われます。ここでわかったのは大倭国・大和朝廷・日本の三つは同一系統の統治体であるということです。

　ところでヒミ家・アメ家はなぜ九州に渡ったのでしょうか。既に寒冷化(三国史記には干ばつによる移民の記述がたびたび現れます)による押し出し(プッシュ理論)と住みやすそうな気候と土地という噂話に魅了された倭人による誘引(プル理論)が争われています。筆者

が思うに、現住地が暮らしやすければなにも不安を抱えながら、ある
いは場合によっては生命の危険を賭してまでもして未知な土地へ移
動するはずがないし、もし誘引する理由があるとしたら日本のプロ
野球の選手が数倍もの収入を得られるアメリカのメジャー・リーグ
へ入いるという特段のメリットが倭国にあるはずです。しかし、新し
く渡来した人達の板付遺跡の住居跡にはそのような推測を生む余地
は見られません。ゲルマン民族の移動や日本からのブラジル移民な
ど移動前の地での暮らしが窮迫していたように、半島では苦しい状
況に追い込まれていたと推察できます。この頃大陸では黄巾の乱が
起こり、後漢国はいよいよ窮地に追い込まれつつあり、国は違っても
世情は同様ではなかったかと思います。

　要するに倭国に移った人達は、個人や家族レベルでは誘引移動も
あったかもしれませんが、民族移動として捉えると基本的には押し
出されたとみるのが正しいでしょう。

　AD656 年になってそれまで影をひそめていたアメ家が隋書の中に
突然、出現しました。主導権を取り返したわけです。ではヒミ家は敗
北消滅したのでしょうか。

2)アマ家の登場

　日本書紀にある「イワレヒコの東征」で象徴される九州の人達の東
への移動によって奈良に強力な勢力を築き、倭国を併合するほど巨
大になった大倭国の統治者は何家なのでしょうか。結論を先に言え
ばヒミ家・アメ家のいずれでもなく、アメをもじったアマ家を名乗っ
たと思われます。

　アマ家の出自を考えてみましょう。候補を挙げてみるとⅰアメ家
の一族の分家筋にあたる人達、ⅱ朝鮮半島から九州に渡って来たも

のの原住民または先着民から虐げられた生活を余儀なくされていた人達（寺前直人氏は板付遺跡には集落の隅に渡来した人達のまとまった住居跡が見られると言う）、ⅲ卑弥呼の家臣または豪族の中で卑弥呼・邪馬台国の下に置かれているのを快く思わなかった人達、ⅳ後から渡来した集団、その中でⅳが一番可能性が高いと考えます。先代旧事本紀では天照大神をはじめ天思兼命・天太玉命・天忍日命・天御食持命など名前の頭に「天」を用い「アマ」と読む人物が多く登場していますので、本書では大和朝廷の統治者を天孫族と呼ばれた「天家」つまりアマ家とします。

　いずれにしても征服するにはそれなりの武力集団であるはずなのに人数が不明です。そして奈良県の原住民の長髄彦（ナガスネヒコ）が仮に実在したとしてもずっと以前からそこに住んでいる人か、九州またはほかの地の土着の人が奈良に移ってきた人か、それとも磐余彦より前に朝鮮半島から渡来した人達なのかわかりません。

　上田正昭氏は「渡来人」という語は自分が作ったと述べていますが定義しておらず、単に「列島に渡って来た人」ということならホモ・サピエンス（2019年のゲノム解析で、アジア人にはロシア・アルタイ地方で見つかったデニソワ人の血、これはネアンデルタール人の遺伝子を継ぐものですが、それが 6 パーセント程度混じっているとのこと）の時代から渡来した時期が異なるだけで列島人のすべてが渡来人ということになります。渡来人の適用範囲は移動した人のみか、三代目までか、さらには土着・原住民との混血児はどのように区別するのかをはっきりしなければ用語の存在意義がありません。ですから「渡来した人」はまさに渡来を経験した人に対して用い、渡来人はここでは使わないこととします。

朝鮮半島の人達が様々な年代に渡って来た中で、卑弥呼の時代の前に農耕文化を携えて渡って来た人達（水耕稲作は縄文時代晩期に伝わった説があります）を一応**農耕移民**と呼ぶことにします。一応というのは、農耕民に関する説が焼き畑農民・水稲稲作民・畜産農民・農耕する遊牧民と騎馬民族との関係で複雑ですのでここで論じるのを避けたいからです。民族としては単一民族ではなく、揚子江辺りの農耕民族やツングース系の遊牧民族とそれらの混血の人達で、そのなかに前述したヒミ家とアメ家が居たのでしょう。将来アマ家になるべく人も含まれて居たのでしょうか。

　列島の支配体制を確立したのは東方面から土偶や石棒を携えてきた人達やその後に南方から近親婚で産まれた異物が各種の産物になった神話を携えた人達の上に君臨した西から東方面に移った人達と考えられます。その意味で東遷は正しいでしょう。

　その勢力を考察するキーワードは「高天原」です。日本書紀はこの原っぱをはっきり書いておらず諸説ありますが、「韓に向かい」の文から半島説、それに「日向」の語から南九州の霧島山・高千穂峰に天降ったとする説が有力です。場所探しの前に、記紀編纂者は何故先祖を天の住人と考えたのか、そしてその場所と降りた場所も明記しなかったのかを考えなければなりません。

　先祖は天に居たとする考えはエデンの園で代表されるように世界各地にありますが、共通する点は何でしょうか。それは何か深い思想に基づくと思うのは大間違いで、単にそれ以上先祖を遡って想像するのができない壁にぶち当たって苦し紛れで天を持ち出したのではないかと思います。記紀編集会議では特定の場所に落着しなかったために、止むを得ず曖昧なままになってしまったのでしょう。

范曄が後漢書を書くときは既に後漢が滅びて 200 年余り経ち、参考する文献がほとんどなかったので倭国の節は三国志の倭人の節をコピーのように採り込んだ（千寛宇は韓の節も同様と述べています）ひどい作品とならざるを得ませんでした。ですから記紀が 400 年も前のことをきちんと書けるはずがありません。

　半島から渡って来たという伝承を証明するかのように沖ノ島には新羅の大陵苑王墓と酷似の金管指輪その他新羅系の遺物が出土しているので、沖ノ島（沖津宮）、大島（中津宮）及び九州田島の辺津宮は対馬経由のアメ家・ヒミ家の一行の渡来ルートに対抗して開拓された新ルートと考えられます。すると編集委員会は新羅を高天原と想定したと示唆しています。「降る」は「やって来る」という意味で使われますので、半島から来たと推定させます。しかし宗像大社・沖ノ島の遺物は 5 世紀後半から 9 世紀の物ですから卑弥呼時代よりも後です。考古学が存在しない時ですから、それを編集委員会はよくわからないまま古代の出来事と設定したのではないでしょうか。そしてこのルートで渡来し、後世の人からいわゆる天孫族（天照大神の孫の一族）と呼ばれた人達が日本書紀を組み立てた模様です。既に対馬経由ルートを辿ってヒミ家とアメ家らの一団が移って来て伊都国や邪馬台国などを建てていたので、沖ノ島ルートの一団である天孫族は対馬経由で渡来した人達や国々を記紀には記さなかった理由がわかります。ところが実は高天原半島説の成立には大きな障害があります。それは新唐書に日本（その頃は大和朝廷）の使者の言葉「初主は天御中主（アマミナカヌシ）、彦瀲（ヒコナギサ）までの凡そ 32 世は筑紫城に住む」があるからです。天御中主とは日本書紀の初めの天地開闢（てんちかいびゃく）で高天原に最初に現れた神で、彦瀲は磐余彦の

父です。つまり最初の神から32世が筑紫城に居たとあり、半島説と矛盾してしまうのです。もし新唐書に載る使者は筑紫城の土着民なら天皇家の祭祀習俗などに矛盾をきたしてしまいます。仮に高天原が筑紫城であれば地上であり、天降る必要がなくなります。これは恐らく使者は唐の役人に対して「半島から来た」と告白するには自尊心が許さなかったのでしょう。もっとも全国に高天原と名乗る地は何個所もあり、地名遷移したとされ、筑紫城は最初の地名遷移とも言えなくはありません。

　遠賀川流域一帯に渡ったアマ家が主導してヒミ家を倒し、邪馬台国の王になった暁に奈良へ遷京したとすれば、一応ストーリーとしてはあり得そうですが、旧唐書・日本の節の「日本国は倭国の別種」さらに新唐書に「日本は小国で倭に併合された」という記述と矛盾します。そして新唐書・日本の節では「王は阿毎」と隋書の王を継承していながら日本書紀には「阿毎」を名乗っていません。卑弥と阿毎には触れず、天を接頭語のように載せてアマ家の勢力は奈良に留まらず次第に大阪や滋賀にも遷宮あるいは遷京しながら勢力範囲を広げていったので、勢力という量から「関西王国」へと質に転化し、発展しました。では、アマ家はいつごろなぜ九州を出たのでしょうか。

　集団・民族移動の原因をトムリンソンは侵略・征服・追放・強制労働・植民の七つを挙げています。筆者はこれに自然災害・疫病・内乱・連行・政策・人口増加を加えます。いずれもその地では生活できない、または追い詰められて新天地に希望を託そうとしたという考えに基づいて、半島からの渡来を押し出し現象（プッシュ理論）と見ますが、寺前氏は九州の人も彼らを誘引したと述べています。小畑氏はこれをプル（pull）理論としています。誘引はヘッド・ハンティングやアメ

リカ・メジャーリーグに挑戦するプロ野球の選手のように移動先で現状より高い役職及び多い収入を用意される優遇された環境が期待できる個人または家族が移動する場合であって、古代では水稲農業や鏡制作の技術者が該当するでしょう。ところがその寺前氏は板付遺跡には渡来した人達が遺跡の端で遠慮しているように住んでいた跡があるとしてプル理論を引っ込めた印象を与えます。

　沖ノ島の遺物は5から9世紀ほどの間と述べましたが、ちょうどその頃ヨーロッパではゲルマン民族が大移動しており、それは冷害が原因とされています。朝鮮半島でも寒冷・乾燥化に見舞われて凶作となり、食料の確保をめぐる騒動があちこちで勃発することで世情不安が増して、それとも冷害・凶作と関連した争いを契機として起こった王権争奪戦に負けて移って来たと考えられます。

　韓国の彼らの研究家の千寛宇は、新羅・加耶の住民の中で虐げられた一部の人達が押し出されて列島に渡ったと説いた上で、彼らの望郷の気持ちと虐げられた復讐心が引き継がれ、他方当時は稲作や金属などの文化を受ける後進国だった列島は準先進国の韓に対する劣等意識とその裏返しとしての敵愾心から任那の設置や新羅への度重なる攻撃、さらには百済に対して見下した、あるいは支配的態度などの記述に現れていると鋭く指摘しています。

　半島から移ってきた人と土着の人との関係は、ⅰ山科氏は親和的で仲良く共存　ⅱ寺前氏は、福岡・板付遺跡における半島系の人達の住居跡から緊張感をもって暮らしていた　ⅲ白石氏は顔の長さからAD1500年頃になってやっと融合を示す　ⅳ三国志にある倭国の乱を引き合いにして両者は戦いをした、に分けられます。渡来した当初は一時または一部では親和的あるいは逆の戦いがあっても主要は忌避

的関係または緊張関係であったと思われます。篠田氏は弥生系の遺伝子が少ないので半島からの移民は多くないとするが、図-12では縄文民と移民との交雑が進んだのは北九州方面では紀元前からですが関東は15世紀頃であると示唆しており、移民は移動先の環境・状況への不適応、作業のやり方・食糧の配分・嫁の奪い合いによる揉め事のほかに土着民または先着者からの差別・いじめ等による殺害、それに集落内の同族婚姻などにより数を減らした可能性がありますので、篠田説が妥当するとは判断できません。

　しかし、そのために倭国の乱のような戦いが繰り広げられたとなると疑わしくなります。なぜなら移民者たちはそれだけの力すなわち数と武力を持つに至っていないと思われるからです。

　遠賀川流域の遺跡から戦いを示す人骨が見つかった情報は得られないことが示しています。

図-12　　　顔の面長さの時代変化

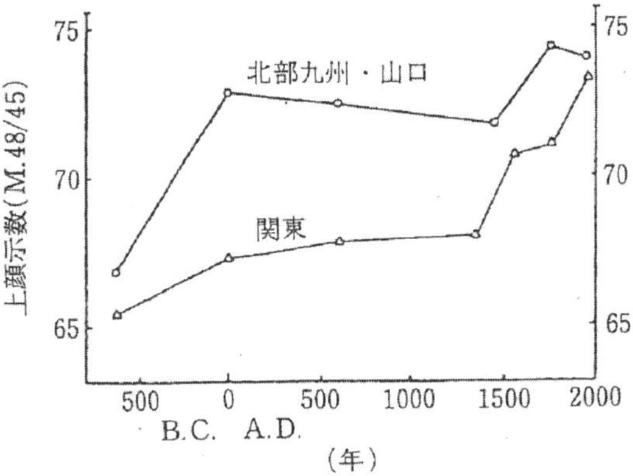

（白石太一郎編著「倭国誕生」、吉川弘文館、2002年より）

　とは言っても、北九州で出土した古代の人骨の中には傷のある骨もあって、卑弥呼が女王に就任する前に起こった倭国の乱・卑弥呼死亡後の乱などで論者の都合のいい戦いの証拠品として利用されていますが、どのような争いなのか特定す

る決め手がない状況です。

　以上のアメ家とヒミ家の揚子江からの長旅と、それとは別系統の新羅からの渡来者を天孫族として双方が北九州に並存したところまで述べました。これからの行動と変容は次の〔4〕「磐余彦の東征物語の輸入の元を見つけた」にバトンタッチします。

　結局、暮らしていくには苦しい状況に追い込まれて九州を出ざるを得なかった人達は、敗走ではなくても鉄などの文化遺産や戦いの装備も不十分なまま、しかも期間をおいて何度も脱出していったと見るのが妥当と思われます。奈良には鉄が極めて少ないことや、磐余彦が生駒山付近で長髄彦に負けた記述が裏付けとなるのではないでしょうか。彼らは騎馬民族または元騎馬民族、ましてや扶余族であったかは慎重に考察しなければならないでしょうが、少なくともヒミ家・アメ家ら大陸東沿岸を発した人達は騎馬民族と言えないでしょう。九州に渡来した人達が 500 年以上かけて列島に辿り着くまでに斉や燕の人達と合流または婚姻などで様々な民族と混ざり合っていたことは否定できませんが、両家が他民族と混血したとも純血を守ったとも断定する資料は見当たりません。ただし、鳥越憲三郎がいう雲南の倭族の風習と現在の日本人に残る風習に同じところがあるということは、浜名の契丹古伝にある揚子江下流域に住んでいた一部が西へ移動した説に符合し、倭人と辰沅族としての同じ風習文化を引き継いできたと言えなくはありません。

　天皇家の儀式を見た人によるとその儀式は朝鮮のものと同じと述べたことや明仁氏は天皇時代に朝鮮と所縁があると述べたとのことですので、仮に長江下流の民であったとしても朝鮮半島に長く住み着いていればそこの地の風習を身に着けた人達も大きく纏めれば朝

鮮系と括られるでしょう。

　江上波夫は三世紀に渡って来た騎馬民族である扶余族の中に後の
崇神天皇が居て、応神天皇が奈良で権力者になり、文化的に急激な変
化をもたらした、としました。ところがこの説には証拠がなく、彼の
空想物語としか思えません。

　この騎馬民族説を成立させるには

ⅰ 基本事項として当時、奈良に馬が多く居た証明（三国志に
　 は倭に馬なしとの記述）

ⅱ 農耕馬ではなく騎馬であった証明（騎馬には去勢した雄）

ⅲ 当時の船で多くの馬を運ぶ証明（遺物は丸木舟）

ⅳ 騎馬民族は鐙も鞍も付けないので鐙や鞍以外で馬に乗った証明
　 （競馬も鞍がなく、騎手は膝の上に乗るような姿）

ⅴ 馬に乗る農耕民と農耕する騎馬民族との違いを証明

　などが必要でしょう。

　さらにこの説に対し、金関丈夫氏は騎馬民族の短弓が日本で使わ
れていない、三品彰英は騎馬の風習は騎馬民族による征服がなくて
も取り入れられる、佐原真氏は食用家畜を持つ人はミルクを飲むが
本土日本にはそのような慣習がなかった、騎馬民族は馬に飛び乗る
ので鐙を使わないし、両足で馬体を挟んで乗っているので鞍を使わ
ないので鐙や鞍を使うのは農耕民族の証拠、という否定説があって、
騎馬民族征服説の主張者はこうした否定説への反論が必要です。

　確かに考古学的には石棒や土偶の消滅、銅鐸の普及と消滅、前方後
円墳流行、稲作の伝来、鉄の伝来と急激な増加、三角縁神獣鏡の普及
等が転機を示すと思われますが、これらの要因が即騎馬民族とは結
びつかないのではないでしょうか。渡来した平原遺跡の人達が高地

集落を滅ぼしたとする佃氏の説は平原遺跡の人達が広域に分布している多数の高地集落を全部攻めることは非実現的であり、多くの高地遺跡で戦いがあった証拠も提示されていません。高地集落が姿を消していったのは、水田稲作の普及により高い所と低い水田とを往復するのが辛いので高地から降りた説が論理性を備えています。

日本書紀では天孫族とされた天皇家が続いているように書かれていますが、実際は土着の豪族や東遷後に近畿で勢力を拡大した新豪族らの間で権力の移動があったとする見方もあり、政権を取った豪族が土着か新羅系か百済系かといったことで風習・文化が大きく変わり得るのではないでしょうか。

とすると纏向、大阪平野、石神、奈良盆地西部、琵琶湖の近辺、明日香浄御宮などは遷宮あるいは遷京した場所ではなく、実はそこの豪族が権力を取ったことをすべてでないにしろ一部は示唆しているとも解せられます。そうなれば、大倭国は元々アマ家の国ではなく、平群、葛城、磯城などの氏族が権力を交代させ、**最終的にはアマ家が実権を握った、そして古事記・日本書紀・先代旧事本紀等の編纂者がアマ家一統に脚色編集**したことになります。

近畿への移民の民族はともあれ、アマ家に飲み込まれた本流の倭国はどのようになったのでしょう。隋書に出たのが最期の仇花で、次の舞台は用意されないまま抹消されたのでしょうか。

現在の姓で卑弥家を忍ばせる姓は見当たらず、せいぜい音写したとして氷見、比見、日見、飛見などが挙げられる程度ですが、一方「阿毎」についてはそのものを見つけられなかったものの天、天田、天谷、天塚、天野、天海、天羽・・・など「天系」と思われる姓が多数見受けられるのは、敗者と勝者を象徴しているかのようです。

〔4〕磐余彦の東征物語の輸入の元を見つけた

「神武東遷なら聞いたことがあるけれど磐余彦(イワレヒコ)東征とはあまり聞いたことがない。どう違うのか」と質問されました。それを説明するには「神武」「磐余彦」「諡号(しごう)」「諱(いみな)」「東遷」「東征」などのキーワードについて述べる必要があります。

　現代でも仏教の世界では戒名とか法名と呼ばれる名が付けられるように、昔の統治者には本名と称号あるいは生前の名前と死後の名前の二つがあります。生前の本名を諱と呼んでいます。「神武」は死後の名前で諡(おくりな)または諡号、アジアの大陸の古代文献から採り入れられていて漢風諡号と呼ばれています。諱は「彦火火出見」で「磐余彦」は和風諡号です。漢風諡号は日本書紀の成立後に付されたものだから「神武東遷」にしろ「神武東征」のいずれも正しい書き方ではないとお叱りをいただくかもしれません。

　卜部兼方・兼文親子によって書かれ、1274 年に成立したとされる釈日本記(所引の私記)によりますと奈良時代後期の淡海三船(オウミミフネ、釈日本記では御船、生没 721~785)によって弘文と文武を除いて神武から元正までの漢風諡号を一括撰進されたとあります。ところが所引の私記とは何かが問題です。「私記」という文献はなく、「日本紀(日本書紀と同じとする説と異なるという説がある)私記(ニホンギシキ)」しか見当がつきません。そこで日本紀私記を調べたところ撰者の名はなく、列記している天皇は持統まででした。書いた時期は元正天皇期の養老 5(721)年、淡海の生まれた年そして持統の後、淡海が死去するまでの 15 年間に文武・元明まで書けたはずなのになぜ書かなかったのか変です。因みに光仁(770 年)まで、弘文と淳

仁を除くとして食い違っております。持統の次の文武は淡海が撰進する前に決まっていたということは他の天皇も決まっていた可能性があります。蘇我馬子が序文で聖徳太子の撰としている先代旧事本紀に諡号が書かれているのは、その傍証になるでしょう。

　日本書紀の原典を見て確かめれば判明するのですが、生憎原典は現存していません。そこで転写本を調べてみますと、一番古いとされる田中本では諡号が付されていないものの二番目に古い岩崎本には人物見出しに付されていました。いずれも10世紀頃に書き写されたとされるもので、田中本の転写人は諡号を知らなかったのか原典に手を加えるのは良かれとしないのか、それとも田中本と岩崎本の間に定められたのかわかりません。最近では大海人(オオアマ、後の天武天皇)が定めるよう命じたといわれるようになってきましたが、いつ、どの資料で、ということは明示されていません。在位期間は673年から686年までですから淡海三船とは約四十年ずれています。曖昧模糊という感じです。

　次のキーワードに移ります。日本書紀本文には東征の意味で使われていますが、東遷とも呼ばれています。「遷」は「移る」か「移す」のかわかりません。大陸の文献には「遷宿」とあり、これは「宿の建物を移す」のではなく、「宿を替える」意味で使われていました。「移らされた」ときは「遷之」とするそうです。言うなれば「移る」のは主体の本人であり、「移す」のは客体のモノです。これを「みやこを移す」と解して「遷都」と呼んでもいますが、本来「東遷」は「都」に結び付いているわけではありません。冊封体制の下では都は地方出先機関に過ぎませんので、「みやこ」を移すのなら「遷京」が適当です。

日本書紀の現代訳には「神武東征」という見出しが付いていますが、これでは「東を征する」意味で都・京とは必ずしも直接関係ないことになります。また「征」は出向いて戦い、終わったら戻る意味で使われるのにそこのところを曖昧のまま使っているようです。磐余彦は出かけて相手を討った後は戻らずにそこで君臨しているので「侵略」となります。見出しだから細かい考察は抜きとして、元来見出しはなく、読みやすいようにと現代語訳者が付したものですが、日本書紀にそのように書かれていると誤解される人もいますので書き方に工夫されることをお願いしたいですね。

一、日本書紀にはどのように書かれていますか

　日本書紀に書かれている磐余彦一派の移動を問題点とともに道程を辿ってみたいと思います。古事記では伊波禮毘古とあり、なぜ字が異なるのでしょうか。磐余彦だけでなく古代の人物は悉く一致しません。史実なら同じはずですが。

　さて、出発です。磐余彦の移動部隊は大軍と書かれていますが、人数は不明です。主要な幹部と思われる家族を紹介します。本人の諱は彦火火出見（ヒコホホデミ）とされています。小島憲之は「火火出」は東アジアの大陸の文献に、千寛宇は新羅に「火」字の人物がかなり居るということで、諡号だけでなく諱も輸入品の可能性が高いと言えます。父彦波瀲武鸕鷀草葺不合　（ヒコナギサウガヤフキアエズ）　尊の四男です。長兄は彦五瀬　（ヒコイツセ）命、次兄は稲飯　（イナイ）命、三男は三毛入野（ミケイリノ）命、それに子の手研耳（タギシミミ）命です。ここで注目するのは、「火」が付いている名前は曾祖父の天津日高彦火瓊瓊杵（アマツヒダカヒコホノニニギ）尊に続いて同名の

祖父とその兄弟、しかし父にはなく、本人で終わっていることです。天照大神の系列なら太陽信仰と思われるのに、火を使う信仰に変わったようにも、または他の登場人物には穂の字が使われているところから稲作民を表現しているとも窺えます。輸入品ですからそれはこじつけと言われればそれまででしょう。ともあれ曾祖父の瓊瓊杵(ニニギ)尊は天照大神から言われて葦原中つ国を治めるために日向の高千穂峰に天降ったとされ、鹿児島県の狭野に由来して磐余彦の幼名を狭野と呼び、霧島山の狭野神社・故宮跡と麓にある狭野神社を根拠とする説が生まれました。しかし、そこから東に向かうと太平洋、アバウト性の範囲としても四国なのに北に向かうのは変ですし、他方、南九州の高千穂からでは唐の国は望めないので、日向は「ひなた」と読み、北九州の高千穂を指すとの説もあります。南九州の出自は何を示唆するのでしょうか。それに船は帆船なのか漕ぎ船なのか、何人乗りか、出発地の景色や見送りの人など詳しい描写が欠けているのも日本書紀の信憑性を落としています。

　生まれながらにして聡明な磐余彦は十五歳で太子になり、四十五歳の時に兄や子達が「遠い所では王の恵沢が及んでおらず、村々は争っている、また鹽土老翁(シオツチノオジ)は東に美地があるので都(みやこ)を作らんや」と言います。卑弥呼の時代の「**都**」は地方行政機関であったのに、いつから「みやこ」としたのでしょうか。それに兄や子達が言う遠い所とはどこか、王の恵沢が及んでいないことや村々が争っているなどを何故知り得たのか説明がないのもおかしいです。

　甲寅（こういん）の年、十月磐余彦は兄達と皇子達を率いて船団で東征に行ったと記されていますが、干支は推古期に百済人を招い

て中国の暦を学び、実際使われたのは持統4(690)年とされており、時代に違和感を覚えます。甲寅は一般にはBC660年とされていますが、二種の干支の組み合わせは60年周期ですのでBC660年までに何度もありながらこの年にした説の意図がわかりません。北九州から平城京の周りに地名遷移しているのは710年の平城京遷京の頃ということで、九州の主要な倭人勢力が関西に移動したのは六百年代ということになると思いますが、磐余彦の移動はその頃なのでしょうか。編集委員会の意図が計り知れません。

　次、「速吸之門(ハヤスイノミナト、現在の豊予海峡)で珍彦(ウズヒコ、後の椎根津彦)を案内人として同乗させ、筑紫国菟狭(ウサ、現在は宇佐)に寄って崗水門(オカミナト、現在は岡田宮、洞海湾南岸)に着き、十二月に安芸の埃宮(エノミヤ)に住んだ。翌年三月から吉備国高島宮で三年住み(古事記では阿岐国に七年、吉備に八年居たと記しており、何故滞在期間が異なるのでしょうか)舟を揃え、兵・食料を蓄え、天下を平らげたいと思った。」という文ではなによりも極寒の時期になぜ安芸から吉備に海上を進んだのか、そして進むことができたのか疑問です。次に出発点を北九州とすると、菟狭(宇佐)に行った後にそのまま瀬戸内海に向かわずに崗水門に戻ったことが不可解です。さらに吉備にいきなり行って兵を出させ、食糧を調達することができるとは到底信じられません。

　春二月、吉備を発って浪速国に着き、流れを遡って三月に河内国に着いたとしています。ここで問題なのは当時はたして浪速国や河内国が存在していたか、ということです。サイト「神武・海道東征第6部」にある「大阪文化財研究所提供資料を基に作成とする河内湖とその周辺図」と上杉和央氏が調べた浪速古図から河内湖の西岸は上町

台地が大阪湾を遮っており、その北端に位置する大阪城は潟口の南端でもあって現在の浪速区はその上町台地の西側の海の中となっています。一方、河内湖の東岸の河内に瓜生堂、池島・福万寺、東奈良の各遺跡がありますが、「国」とされたのは 8 世紀で整合しません。河内の住民にしては外部から侵入された訳ですから当然、長髄彦（ナガスネヒコ）のように戦うであろうに、東征の一行は何事もないように流れ（大和川か?）を遡っているのが納得できません。

　生駒山地を越えて内つ国に入ろうとした時、これを許すまいとする長髄彦と戦って敗れて船で逃れました。ここで内つ国とあって国名が記されていないのが疑問です。浪速国と河内国があってどうして奈良に国名がないのでしょうか。もっとも既に浪速国と河内国などと国名があることが不思議なのかもしれません。それに大軍であると記した九州勢力がどうして初戦で田舎兵に負けるほど弱かったのか、納得がいきません。

　磐余彦一派は和歌山に寄った後、矢傷を負った兄の五瀬命が死にました。熊野の名草邑に着いたところで暴風に遭遇して稲飯命は剣を抜いて海に入って鋤持（サビモチ）神になり、三毛入野命は波頭を踏んで常世国に行ったとしています。これで磐余彦の兄は全て死ぬことになりました。それなのに暴風が鎮まったとは書いてありません。これは兄弟で権力争いをさせないための作為、あるいは兄達が弟との権力闘争で敗北したことを表現したと解せます。

　熊野の山中で進退極まっていると空から八咫烏（ヤタガラス）が降りて来て宇陀の下県に案内しました。なぜ人名を名乗らせず鳥を使ったのでしょうか。もしかしたら名を出せない人物、たとえば現地人を裏切って侵入者に手を貸した者かもしれません。

磐余邑の兄磯城(エシキ)、磯城邑の磯城の八十梟帥(ヤソタケル)及び葛城邑の赤銅の八十梟帥とその残党を討つのに磐余彦は椎根津彦を使って騙し討ちを謀ったのでした。内つ国に入り、饒速日(ニギハヤヒ)命が長髄彦を討ち、さらに翌年の春、新城戸畔(ニイキトベ)、居勢祝(コセノハフリ)、猪祝(イノハフリ)、そして最後に高尾張邑の土蜘蛛(ツチグモ)などの諸族を滅ぼし、征伐は終了しました。

　この饒速日は何故娘婿の長髄彦を裏切って殺害したのか疑問です。日本書紀は磐余彦一派の正当性を示そうとして血族の関係で処理していますが、先に奈良に来て開拓した饒速日に対して敬意を示していないのは不遜な態度の印象を与えます。

　こうしてみると奈良には幾つかの先住民集団が生活しており、磐余彦は兄達や多くの兵を失ってまでして戦い、先住民を殺して奪わなければならない土地が、しかも奈良湖という池・湿地帯があり、平地がさほど広くもない所がどうして塩土翁の言う美地なのか納得できません。それは日本書紀を書く頃には朝廷を開くまで成功し、日本の中心に成り得たという結果論に過ぎないのでしょう。地理の記述でおかしいのは、熊野の荒坂の津に着いて間もなくして宇陀での話になっていることです。幾つもの川を越えているのに、その記述がありません。八世紀の編集にしてもあまりにも酷過ぎます。結局、日本書紀の創作説を濃厚にしているに過ぎません。

二、日本書紀は外国の文献を抜粋輸入しています

　日本書紀の史実性については、八世紀初頭の創作説(非真実説)と伝承・古文書による史実説がたびたび議論されるもののほとんどが一方通行的に述べているように見えます。双方の説は日本書紀の一部

分を取り上げて創作だ、あるいは史実だと主張していて「群盲、象を撫でる」という諺さながらです。これでは科学方法論として正しいとは言えません。真理追究の原則『真理は具体的個別的である』に従って一つ一つの事績の真理性を追究し、「この部分は創作と言える」あるいは「ここは史実と言える」とするのが適切と思います。

　東アジアの大陸に興った国々の文献から採り入れられたものは諡号だけでなく、本文の記述も断片的に、あるいは物語のアイディアも窺えます。輸入の匂いを漂わせる外国文献の文と同一または類似した日本書紀の文字列が見受けられるのは、書き始めの天地開闢(カイビャク)のところにある「清陽者薄靡而為天」は淮南子と同じ、「重濁者淹滞而為地」は淮南子とは淹の一字違いの酷似、「精妙之合搏易重濁之凝場難」は淮南子の専と竭の二字違いの酷似、「故天先成治地後定」は淮南子と同じ、「故曰開闢之初」は潜夫論(センプロン)の「天地開闢有神民」及び「自古在昔天地開闢」に似て、「凡三神矣乾道獨化」は申鑒(シンカン)の「天道在璽」を参考にしたと思われるなどです。それらに続いて、筆者がわかっているものだけでも下記のように数々あります。

**　古代東アジアの文献　⇒　日本書紀**

楚辞の海神宮訪問⇒山幸彦の海神宮訪問

文選の海神⇒海神

史記の天皇と大夫⇒天皇と大夫

漢書の関東郡国十一大水飢　或人相食　転一芽銭穀物　以相救⇒郡
　　国大水飢　成人相食　転一傍穀一以相

三国志・倭人の節の卑弥呼⇒比売、日売

三国志・扶余の節で東明王が川を渡る時、魚が浮いて作った橋を渡っ

た話⇒神武天皇は宇川の魚が浮き上がって口をパクパク開いた
　　　ことで神意を占った話
隋書の阿毎多利思比(北)孤⇒多利思比売、日本足彦押入、足仲彦、
　　　　　　　　　　　稚足彦、大足彦忍代別

　これらのほかに武光誠氏は、後漢書の是時　天下安平　民無徭役
歳比登稔　百姓殷富　粟斛生羊被野⇒是時　天下安平　民無徭役
歳比登稔　百姓殷富　稲斛銀銭一文　という長文を指摘します。

　実は 1960 年代に多くの同句・類似句が指摘されていました。小島
憲之は、巻第三神武紀には 30 個所が採り入れられており、また逆に
北堂書鈔から 60 個所を採り入れていると具体的に文字列で示した上、
出典書名分類表〔縦軸に史記・漢書・後漢書・三国志・梁書・隋書・
芸文類聚・文選・金光明最勝王経・その他(淮南子・六韜・古列女伝)
を列挙し、横軸には日本書紀の巻 1 から巻 30 までを並べて表にし、
〇印を利用が確実なもの、△は不確実なものとして記入した本〕を発
表しています。たとえば同じ神武紀の欄に漢書と文選に〇印を振っ
ています。印が一つも付されていない巻 8 仲哀と巻 10 応神を除いて
ほぼ二種以上の文献が印されています。では「磐余彦の東征」物語も
外国の輸入品なら、どの文献で窺うことができるのでしょうか。

三、それは北史から

　漢風謚号が輸入品(和風謚号も一部見受けられる)であるならそれ
はどの本なのでしょう。その本に神武なる者が登場しているのであ
れば、彼の振る舞いが日本書紀に採り入れられて磐余彦東征のエキ
スになっているのではないかと考えられます。実は神武は実在して
いたようで、梁書や旧唐書にも登場しております。でも、さほど詳し

くなく、北斉書は神武が建国の礎をなした高祖と呼ばれるだけあって逆に詳しく書かれ過ぎていて日本書紀との対比がわかりにくく、それで調べるにはほどほど詳しい北史が適当と思います。ここでの神武とは北史に登場する人物であり、日本書紀に登場する神武は磐余彦と区別したことをあらかじめ申し上げておきます。

　東アジアの大陸は北魏が 430 年代から夏・北燕・西秦を次々滅ぼして北部を統一したことで戦乱の「五胡十六国時代」に終止符を打ち、一方南部は宋が統一していたので 439 年より南北時代と呼ばれることになりました。その後、北部も南部も幾つかの国によって興亡が繰り広げられました。北部で興り滅びた北魏・西魏・東魏・北斉・北周などの歴史を綴ったのが北史です。国が多いので本の量も多いと思われやすいのですが、一国の寿命が比較的短いため特別に多くなっているわけではありません。

　唐の李大師（リダイシ）の死後、子の延寿（エンジュ）が執筆を引き継いだ北史は 636 年に成立しました。神武とは高歓（コウカン）の諡号です。生涯を簡単に紹介しますと、といっても反乱・暗殺・挙兵・裏切りが続く中で紆余曲折ある人生ですので簡単過ぎるのも理解を難しくするもので、と言いましても古代文献に勝手に加筆できませんのでその塩梅が適切であったかどうか心配です。

　南北朝時代は乱世を端的に表現する五胡十六国時代と五代十国時代の間で、比較的穏やかな隋と唐の出現までの権力を巡る離合集散の時代でした。彼は 496 年に生まれ、貧しかったが、北魏考明帝の考昌元（525）年に杜洛周（トラクシュウ）が反乱を起こすと馳せ参じ、爾朱栄（ジシュエイ）の下で親信都督という役職を得て、528 年、考明帝が霊太后に殺されると爾朱栄の挙兵軍の先鋒を務めました。530 年、

爾朱栄が考荘帝に殺され、子の爾朱兆が仇討を発起したのですが、高歓はこれに加わらないどころか 531 年には反爾朱の起兵をしたのでした。533 年、考武帝が宇文泰（ウブンタイ）に保護されると高歓は考静帝を皇帝に建てたので北魏は西魏と東魏に分裂しました。535 年、高歓は劉蠡升（リュウレイショウ）を滅ぼし、新たな東魏を建てて西魏の拠点を次々攻撃しましたが、宇文泰に負けてしまいました。543 年には勢力を盛り返して西魏を撃破した後、自身の暗殺計画を知り、一味を処刑しました。547 年、晋陽で死去、52 歳。仮黄鉞（カオウエツ）・使持節・相国・都督中外外諸軍事・斉王の位を追贈され、550 年に子の高洋が北斉に改名後、廟を太祖、献武帝という諡号を追贈され、後主の即位後に廟号を高祖、諡号を**神武皇帝**と改めました。

　北史には四庫全書本とそうでないものの二種あって、書き方が異なっています。神武は建国者の高祖にふさわしく巻の 006、009、014、031、048、049、051、053、054、055、065,096 などにしばしば登場しています。その巻九十六列伝八十四「稽胡（ケイコ）」の条に注目すべき記述がありますので、順に述べていきましょう。

魏考昌中有劉蠡升者居雲陽谷　自称天子　立年號　置百官：魏、これは北魏で年号は考昌、その時代に劉蠡升（リュウレイショウ）なる者が雲陽谷（ウンヨウコク）に居て、自ら天子と名乗り、年号を定め、百もの役人の官職を置いた。

属魏氏乱　力不能討　蠡升遂分遣武衆掠汾晋之間：属していた北魏で乱を起こしたが、王は討つ力がなかった。蠡升（「劉」は省略）はついに武衆（人名か武装した民か）を派遣して汾（太原の南の州）と晋（汾州の南隣の州）の間を掠め取って領地を分けた。

110

略無寧歳 神武遷鄴跡始密圖之：（蠡升を討つ）計略には時間がない。神武は鄴(現河北省磁県)跡に移って密かにそれを図り始めた。

乃偽許以女妻蠡升太子：すなわち神武の娘を蠡升の太子の妻にすることを許すと偽った。

蠡升遂遣子詣鄴：そこで遂に蠡升は息子を神武に挨拶させるために鄴へ行かせた。

齊神武厚禮之 緩以婚期：斉の国の神武は蠡升の太子を厚く持て成したが、二人の婚期を延ばした。

蠡升既特和親 不為之備：そこで蠡升はすっかり神武と和み親しんだ気持ちになって、戦いの備えをしなかった。

大統元年三月 齊神武襲之：大統(西魏の年号)元(535)年3月、斉の神武は彼らを襲撃した。

蠡升率軽騎出外徴兵：蠡升は軽騎兵を率いて兵を集めるために外に出た。

為其北部王所殺 送於神武其獲：蠡升の部下の北部王が蠡升を殺し、その獲得したもの(首)を神武に送った。

其衆復立蠡升第三子南海王為主 神武之滅：彼らは蠡升の三男の南海王を領主として再び立ったが、神武は滅ぼした。

獲其偽主 及弟西海王 并王后婦人王公以下四百余人帰於鄴：その偽りの帝、及び弟の西海王と皇后・女達・王の家臣以下合わせて四百人強を捕まえて鄴に連れて行った。

　以上が、磐余彦東征の物語のエキスになったと考えますが、これではこれらの文が日本書紀に採り入れられたことがわかりにくいと思いますので、次に北史の文と日本書紀の磐余彦東征の文を対比して類似性を述べます。

111

北史	日本書紀
劉蠡升者居	手前は饒速日命を君として仕えている。
雲陽谷自称天子	一体天神の子は二人おられるのですか。

〔蠡升は雲陽谷の天子で、饒速日命は奈良の天神にしています〕

| 属魏氏乱 | 村々はそれぞれ長があって境を設け、相争っている。 |

〔ここは、世情が乱れた乱世の時代を表現しています〕

力不能討	天皇の軍は進むことができなかった。
神武遷鄴後	天皇はこれを憂えて謀を巡らされた。椎
始密圖之	根津彦に服と箕笠を着せて<u>老人の貌に為り</u>、又弟猾に箕を被せて<u>老婆の恰好をして</u>・・敵兵は道を空けて・・。酒宴を催し、敵を<u>騙して討ち</u>取れ。椎根津彦は謀を立てて言うのに「まず女軍を遣わす。敵兵は精兵を出してくるでしょう。こちらは強兵を走らせ・・不意を突けば敵は敗れるでしょう」と言うと、天皇は褒めた。こうして謀を密かに行いつつ、宇陀高倉山・伊那瑳の山へ移動した。

〔ここでは、移動と計略の思案の語順は入れ替わっていますが、北史の神武が立てる計略の短い言葉を日本書紀は具体的に詳しくして磐余彦が椎根津彦と奈良の勢力を騙す戦略について述べています〕

乃偽許以女妻	――――
蠡升太子	――――
蠡升遂遣子詣鄴	長髄彦は使いを送ったので、磐余彦は道

齊神武厚禮之　　臣命（オチノミコト）に「お前は大来目
　　　　　　　　　部を率いて宴会をする大きな部屋を忍坂
　　　　　　　　　邑（オサカムラ）に造って盛んに酒宴を
　　　　　　　　　催し、敵を騙して討ち取れ」と命じた。
　　　　　　　　　そして道臣命は密命に従った。
〔日本書紀では文の出現は北史の順と同じではなく、ここは神武が
計略で蠢升らを安心させるために持て成した〕

緩以婚期　　　　————

蠢升既特和親　　敵は陰謀のあることを知らず心のままに
　不為之備　　　酒に酔った。
〔長髄彦は磐余彦一派の陰謀を知らずすっかり信用して、兵の準備
をしなかった〕

大統元年三月　　十月一日
　　齊神武襲之　　味方の兵はこの歌を聞いて、一斉に頭椎
　　　　　　　　　（くぶつい）の剣を抜いて、敵を皆殺し
　　　　　　　　　にした。
〔この文が最も重要な部分で、双方の神武が襲撃したところが完全
に一致しています〕

蠢升率軽騎　　　長髄彦がそれを聞いて全軍を率いて孔舎
　　出外徴兵　　　衛坂（くさかざか）で戦った。
〔話は前に戻りますが、磐余彦軍が生駒山に来たことを知って
長髄彦が兵を出動させた場面と北史は同じと思います〕

為其北部王所殺　————

送於神武其獲　　————

其衆復立蠢升　　————

113

第三子南海王為主 磯城の八十梟帥がそこに屯聚した。天皇
神武之滅　　　　軍と大いに戦ったがついに滅ぼされた。

〔北史と日本書紀の双方とも支配者が敵の残部を滅ぼした部分で、
共通しています〕

獲其偽主 及弟西海王 并王后婦人王公以下四百余人帰於鄴

―――――

〔最後のこの文は完全に違います。神武は戦った相手を連れて鄴に
戻りますが、磐余彦は九州に戻らないで奈良の制圧後はそこに政権
を建てます〕

　これらの文により、すべての事柄が同じでないにしろ、また時間的
に前後しているものの、北史の神武攻勢のエキスが日本書紀の磐余
彦東征の骨格を成していると認められるのではないでしょうか。

四、各東遷説の検討

　東遷説を唱える人は戦前には白鳥庫吉、和辻哲郎、戦後には黒板勝
美、榎一雄、坂本太郎等々かなりの数にのぼります。一口に東遷説と
言っても人物や移動元など細かい点で異なっており、提唱者とその
説をいちいち列挙するのは煩雑感を与えますので、それらは省いて
各説の特徴と問題を述べます。

　一つの分け方は日本書紀を正しいとする、またはこれに準ずる手
法か、それとも日本書紀とは関わり合わない手法かです。ほかにⅰ移
動する人、ⅱ国の移転、ⅲ移動元と移動先、ⅳ年代、ⅴ回数などの項
目ごとに分けて考察していきます。

　日本書紀の記述は「一、日本書紀にはどのように書かれていますか」
で指摘したように信憑性があまりにも無さ過ぎます。筆者は、日本書

紀の古代史は外国文献や国内の地方文書・伝承などの部品を集めて組み立てたものと考えています。ですから年代・年齢・系図・事績に矛盾や非現実性が生じているのです。それを信念・恣意・天動説の鵜呑みなどで真実として捉えようとする方法ではなく、記紀編集者達は何を表現したのか、記述が反映する絡繰りを追究することが古代史を研究する上で重要と思っており、そのやり方を採るつもりです。そのため皇室崇拝者や日本書紀を正しいと信じている人を傷つけてしまいかねませんが、学問上は止むを得ないと考えます。

ⅰ 移動する人は磐余彦以外では卑弥呼、壹與それに特定なしの三つの説がありますが、いずれもその確たる証拠が提示されていません。もし、卑弥呼ないしは壹與とすると日本書紀に明記されておらず大和朝廷との連関が明らかではありません。日本書紀内の登場人物への比定は実在の蓋然性が高いものと低いものを結びつけようとするもので無理が感じられます。卑弥呼の前の饒速日の東遷を一次、卑弥呼を二次東遷とする説はそれ以前もそれ以後たとえば秦氏や漢氏などの東遷を考慮すると、次数を数えるのは不可能でしょう。

ⅱ 国の移動は卑弥呼が東遷したとすると当然邪馬台国を遷京させたことになるでしょうが、日本書紀では長髄彦を討った後に「即位」と書かれているように国は奈良で設立されたもので、それまでの記述に国が設立されていることを仄めかすところはなく、遷京とする説明は適切でないことになります。

ⅲ 移動元については吉備か愛知県を原大和とする説を除いてほとんどが九州とし、移動先は奈良が多く、中には崇神あるいは仁徳が大阪へ移動したとする説もあります。先祖の始まりから九州に居たとしているのは、遣唐使が唐の役人に「半島から渡って来た」などと明

かすには自尊心が許さなかったからでしょう。

　ⅳ年代は卑弥呼・台与の年代であれば 3, 4 世紀ですが、東遷した証拠がないので、考察するには大きな壁が立ちはだかっています。磐余彦の東征の記述では年代は不明です。ただ、河内国と即位の記述及び河内湖の記述がないのは日本書紀の編纂時期を想起させ、考古学的資料は邪馬台国と大和をリンクさせる東遷の証拠になりません。もし沖ノ島ルートで来た新羅系の民が東遷したのなら、出土した遺物から 5 世紀頃に、そして遠賀川流域や洞海湾一帯に数世代留まり、九州から平城京周辺に地名遷移した頃、つまり AD708 年に元明天皇が遷京の詔を出す前、と言ってもかなり幅がありますが、その頃に東遷したと想定できます。それを示唆するのが暦です。日本書紀ではAD645 年の大化から始まっていますが、それ以前に勝山記が 636 年の僧要から、二中歴は 517 年の継体（年号です）からとなっています。

　男大迹は誉田（ホムタ、後の応神）の五世の孫と記されていますが、現在でも五世も昔の人の認識は難しいのに古代ではどれほど確かな情報かわかりません。もしかしたら彼が遠賀川の勢力から来た最初の統治者かもしれません。すると血脈は完全に切れますので編集委員会は統治上、なんとか血がつながっていることにしたいため継体としたのではないでしょうか。

　磐余彦のように一気に政権を転覆させるのではなく、前から少しずつ東遷していて男大迹の時にいよいよ政権奪取に着手した、奈良になかなか行かなかった記述はその段取りのためと考えられます。

　ⅴさて、東遷の理由に進みますが、これが少し厄介です。日本書紀にあるような、爺さんから「東に良き所がある」と唆されただけで詳しく調べもしないで本人のみならず一族郎党の暮らしと命を賭ける

重大な意思決定をするのはあまりにも不用意に感じます。民族や村一同が移動する場合は襲撃・冷害・旱魃・伝染病などで押し出されるのをプッシュ理論、魅力的な話で誘引されて個人・家族または仲間といった少数で移動する場合はプル理論と呼び、磐余彦の移動は表向きの内容がプル理論で規模と本質はプッシュ理論という複雑な組み合せだと言えます。本当の理由は、人数こそ不明ですが大軍を率いたと書いてあるところから、遠賀川や紫川一帯に住んでいた新羅から脱出して来た一部の人がヒミ家・アメ家らの倭国からの圧迫に押し出されたと考えるのが合理的です。中には板付遺跡の隅っこ、あるいはほかの倭国地域で細々と住んでいた先着渡来の人達の一部も含まれている可能性は高いと言えます。それは脱出したいと望むすべての人が必ずしも同行したとは限らず、いつとは特定できませんがそれ以前に何回も移ったのではないでしょうか。徐々に桃の供物や巨大建物など倭国・邪馬台国の文化の一部が奈良にも引き継がれている様子を示している一方で奈良から滋賀へと人口のスピルオーバー（溢れ出し現象）が見られると共に、古閑炯作氏が示すように福岡だけでなく熊本・長崎・佐賀・大分・宮崎の各県の地名が奈良の周りの和歌山・大阪・兵庫・京都・滋賀・福井・石川・岐阜・三重の各県に遷移していることから京方面への誘引と解することがきます。こうした近畿での人口増加が量から質の転換を引き起こした、それが大化の改新ではなかったのでないでしょうか。蘇我氏殺害・藤原京建設・平城京への遷京・律令制、それらの事象全体が大化の改新と捉えることが歴史の流れを認識することになると確信しております。

　纏向に移ったという東遷説から浮かぶイメージとはかけ離れており、青銅鐸が消え、前方後円墳が作られ始めて急激に文化が変わり、

各地の土器が集まって出土している3、4世紀だと、そして地名遷移だけにこだわった東遷の判断は科学的ではないと指摘されるかもしれません。もちろん平城京以前に近畿には三角縁神獣鏡と巨大な前方後円墳を幾つも有するかなり強力な勢力が存在していたでしょうが、その勢力は天孫族だけの民族移動であると特定するのは難しいと思います。つまり文化・産業・政治の中心地の東京へ一極集中したように人々が次第に近畿に誘引され移動していったわけです。そして政体の革新に天家(アマ家)が大きく影響していた表現が「磐余彦の東征」と「蘇我氏殺害」の記述であったのではないでしょうか。

　では、九州の人達は自分達の生活や政治状況をまったく記録しなかったのでしょうか。記録作業に欠かせない硯石が2016年3月、三雲・井原遺跡でAD1〜2世紀の物として、また製作途上の物なら糸島市潤地頭遺跡や唐津市中原遺跡そして筑前町東小田峰遺跡からも出土していますので、卑弥呼・台与、乱及び大倭国からの攻勢などは当然、記録されていたはずです。それなのに彼らと事績を示す一片の残映を見せておらず、前述の通り、そこに大和朝廷は九州倭国の存在を悉く消し去るべく記述を完膚なきまで没収または焚書したとする根拠の余地があるわけで、証明なき一理があると思わせます。山科威・大野佑司氏らがいう邪馬台国抹消説です。恐らく編集委員会は九州倭国の記事も採り込んで、あたかも大和朝廷の歴史であるかのように書き綴ったので記録はあると言えばありますが、ただそれが真実だとしても倭国の記事と大倭国の記事を区別することは困難です。この区分けについては今後の研究を待つほかはありません。

〔5〕金印「漢委奴国王」はそもそも存在しない？

　本書はここまで卑弥呼の時代から始まって文武天皇期をほんの少し触れて、次に九州の人の近畿への移動、よく言われるところの「神武東征」を考察しました。この章では卑弥呼の時代のひと昔前に遡って謎の金印をめぐって、真贋論争を越えた空間で彷徨いながら進んでいきましょう。その先には確かな一本の筋道が見えてくるものと、ほぼ確信いたしております。

一、これまでの経過・論争の概略

　問題の金製の印章とは、1784 年、それは江戸時代天明 4 年、福岡県の博多湾の北にある志賀島（しかのしま）の叶の崎で農民の甚兵衛（姓は不明）が石下から掘り出して庄屋の武蔵（ぶぞう）に渡した物をいいます。武蔵は那珂奉行所に提出し、儒学者の亀井南冥は「後

図-13　漢委奴国王の印章

漢書」にある金印とはこのことである思って「金印辨」という鑑定書のような書を書きました。その後、福岡藩主の黒田家が持っていたのですが、1978 年に福岡市に寄贈し、1990 年より福岡市博物館で展示・保管されています。読者の中にはご覧になった方もおられるでしょう。金印の文字「漢委奴国王」の読み方は、1892 年に三宅米吉が「かんのわのなのくに」と読みましたが、「之」の字がないのに何故「の」と読むのか疑問です。「倭」は「イ」とも読めなくはないのですが、「委」を「ワ」と読むのは苦しいようです。「人偏」を省略したとす

119

る省画文字説は印章で画を省いた例を提示していませんのでなかなか認められないでしょう。大谷光男氏は「では狗奴国はなんと読むのか」と問題を投じています。そこで筆者は、女王国への行き方の説明の中で地名には呉音が多く、「ヌ」と読む地名が幾つかあると述べたことから結局、「カンイヌコクオウ」に落ち着きました。

　さて、この金印はずっと長い間怪しげな物とも見られてきました。その理由は、そもそも見つけた所が遺跡や王墓ではなく、農地、しかも新田の、土の中ではなく石の下であったからです。聞くところによりますと、現代考古学では藤村新一らよる旧石器捏造事件が発覚し、2000年11月5日の毎日新聞で報道されたため、遺物は土中から発掘した物で二人以上が立ち会っていなければ認められなくなった、そしてその条件に当てはまらない物は遺物の市民権は与えられずに「発見物」として扱われるとのことです。このように出自が不幸であったために、倭国の乱の時に敵に盗られるのを恐れて隠させさたとか、黒田藩の藩校の一つが人気回復のために神社にあったものを取り（盗り？）出して埋めておいたといったミステリー小説もどき（主張者の方には失礼かもしれませんが）の物語が作られました。

　1968年になって、これまで金印を取り巻く状況を訝っていた程度だった話を岡崎敬は大きさを精密測定し、漢の銅尺の十分の一まで一致していると学術的に踏み込んだ主張をしました。

　2000年になって金属学専門の鈴木勉氏は鏨（たがね）の打ち方など細かい観察と分析によって問題を提起し、2006年には三浦佑之氏も贋作派として加担しました。他方2007年の高倉洋影氏と2008年の安本美典氏に続いて2012年に石川日出志氏が真作派として名乗りを上げ、本格的な金印の真贋論争が繰り広げられることになったと言

えるでしょう。

　本書ではこの**論争に最終決着**をつけるという大それた結論を出したいという野望を内に秘めて取り組んでいます。

　亀井南冥の主張は論争と言うより、金印が見つかったということで読んだことのある後漢書の記述と結び付けたに過ぎず、論争する気持ちはなかったと思います。その後、九州大学の考古学学者の岡崎敬が①寸法を正確に測定してから、各分野の研究者が様々な角度から検討し始めました。それらは　②材料の成分　③彫り方　④字体　⑤紐（ちゅう、印鑑のつまみ）⑥他の印との比較　⑦印譜（古代の印鑑一覧表）との照合　などです。皆さんはお気づきになったと思いますが、肝心な金印の年代測定がないですね。そうです、金印すなわち材料の年代測定ができない点が最大のネックになっているのです。年代測定はなにも金印だけではなく、土器や剣など多くの遺物に当てはまる問題で、それ故喧々諤々と論争が繰り広げられているわけです。土器の年代測定の場合、先ずは埋まっていた土の層から年代を割り出し、次に土器に付着した有機物に頼っていますが、土器の年代と有機物が付着した年代の同時性と発見された土壌の混濁（コンタミネイション）が論争の種を増やしていると言えるでしょう。この金印は農地で発見され、土壌による年代測定は意味をなさず、印章付着有機物は江戸時代の事ですから着目されずに洗われたことでしょう。

　これまでの様々な角度の考察の中で最も重要な**文献の考察**が抜けています。それが研究上の最大の落ち度です。大多数の人が「後漢書には後漢の皇帝は倭奴国王へ金印と紫綬を与えた」とあることを前提、または思い込んでいます。そこで本書は金印と文献との整合性について迫っていくことにします。

二、大いなる疑問

　紀元前202年、東アジアの大陸で劉邦（リュウホウ）が打ち建てた漢という国を紀元8年に王莽（オウモウ）が滅ぼし、替わって「新」という国を建てました。この新をAD25年に劉秀（リュウシュウ）が滅ぼし、漢を再興させました。漢が二つありますので初めの方を日本では前漢、後の方を後漢と呼びます。カン違いしないでください。呼び名は後世の人が区別するために付けた名称であって、国名はいずれも漢の一つです。

　大陸には幾つもの国が興り、そして滅び、やがてそれらの国の記録を残しています。後漢について記録した後漢書は九人の人がそれぞれ書いており、今のところ現存している物は二種だけで、倭国の節がある范曄（ハンヨウ）の作を単に後漢書と呼ぶことにします。

　この後漢書には57年に、実は57年というのは多少問題がありますが、一般的にはそういうことになっています、その年に「倭奴国（ワヌコク）が長安にある後漢の京師（ミヤコ）に使者を派遣して第一代皇帝・光武帝（劉秀、リュウシュウ）に貢物を献上し、皇帝はお返しに印綬（インジュ）を下賜した」と記されています。これを金印も下賜したと誤解して立てている説ばかりです。

　なぜこの点に疑問のスポットを当てないのでしょうか。この後漢書はなんとなく怪しいと感じたのは、范曄が後漢書を書き終えたのは後漢が滅んだ後200年も過ぎた、次の時代を書いた三国志よりもなんと140年も後のことと知った時でした。ちなみに一つの国が滅んでその国のことを書いた書物の年代の間隔は、三国志は僅か4年、晋書は28年、隋書は40年、唐書は39年です。しかも驚いたことに

范曄が書く前に8人もの人が後漢書を書いていました。何冊もの同類書がありながら、どうして宋の時代になってわざわざ范曄が書いたのか不思議でなりませんでした。なによりも後漢が滅んで200年も経って、参考となる資料が残っていただろうかと強い疑問を抱きました。

　西暦82年に班固（ハンコ）・班昭（ハンショウ）親子が書いた前漢書では僅か20字しかなかった倭に関する文字数は、後漢書では巻五に8字、巻115には687字の合計695字と急に増えています。

表-5　　　　　　　　文献と国の勃興・消滅

220	魏建つ
221	┌後漢滅ぶ　呉・蜀建つ　三国期始
263	│蜀滅ぶ
265	│魏滅ぶ　西晋建つ
280	│呉滅ぶ┐　　　　　　　三国期終
284	│　**陳寿・三国志書く**──
303	│　　　　成建つ　　│
317	│西晋滅ぶ　東晋建つ　│
	│　　　　　　　　　│
419	│東晋滅ぶ　宋建つ　│
426	└──**范曄・後漢書書く**　│
429	│　裴松之・三国志に注釈
478	宋滅ぶ　│
581	│　隋建つ
	│
618	隋滅ぶ　│　唐建つ
676	└─**李賢・後漢書に注釈**
901	楊呉建つ
906	唐滅ぶ　後梁建つ
960	三国志・建隆本編
1000年代	三国志・紹興本と紹熙本編

　陳寿は三国志で魏の使者が倭に派遣されたと書いており、そのた

めか、倭に関する記述は約 2000 字にも及びます。范曄は後漢の時代に使者が倭に派遣されたと記述していないので、倭についての情報をいったいどこから入手したのか判然としておりません。

三、では、范曄はどのような資料を？ まさか三国志では！

後漢という国が滅んで 200 年以上過ぎてからそこの国のことを書くには資料が必要です。范曄はどのような資料を見たのでしょうか。その手掛かりは①范曄が後漢書の中で引用した文献を調べることです。ところが残念なことに彼は論語ぐらいしか引用文献を明記しておらず、情報源がわかりません。そこで次に表-5 で示しているように 676 年に唐太子の李賢（リケン）が後漢書に注釈を入れて書き直していますので、②その中の引用文献と③陳寿が三国志で引用した文献の中で後漢期の時代を描いている文献を調べることです。

李賢の引用文献から揚雄撰法言、陸機撰洛陽記、輿地志、常璩撰華揚国志、風俗通、献帝春秋、袁松之撰北征記、袁宏撰漢記などを挙げ、次に筆者が調べた範囲の 90 種の陳寿の引用文献から劉珍等撰東観漢記、謝承撰後漢書、群国志、続漢志、劉知幾撰史通、薛瑩撰東夷記、仲長統撰昌言、王基撰時要論、王昶撰治論、李譔撰説略及び範囲を広げて古史考、古国志、東族古伝、風俗通義、郭義恭撰廣志、袁宏撰後漢記、薛瑩撰後漢記、長宏撰後漢記、張璠撰後漢記、謝承撰後漢書等々をリストアップしてみました。残念ながら既に滅失または散逸しているか、それとも日本に写しがないのか文献登録に出ず、廣志にあった「倭国赤玉出」と袁宏撰後漢記にあった「倭奴国」以外に金印どころか倭に結び付く記述さえ見つかりませんでした。

後漢書の種本探しは暗礁に乗り上げてしまいましたので一旦棚上

げ・方向転換をして、後漢書の中でどのような国が使者を派遣して皇帝に挨拶し貢物を差し上げ、お返しとして何をもらったかという記録を見ることにしましょう。次の表は漢の外周の諸国が使者を差し向けた記録です。使われている用語は、使者の派遣に「遣使」、皇帝への挨拶を「朝賀」「詣奉」、貢物の献上を「貢献」「奉献」「献○○（品物の名称）」、返礼を「賜○○（品物の名称または官職）」などです。

　後漢書の構成は皇帝に関する帝紀と家臣や属国を扱った列伝に分けられています。次の表の記録をご覧ください。

表-6　　　　　　　　　　　　朝賀と下賜の記録

国	年	列伝	帝紀
扶余	建武 25	王遣使奉貢光武厚答	王遣使奉献
同	永寧元	乃献嗣子尉仇臺詣闕貢献 天子賜尉仇臺 印綬金綵	王遣使詣闕貢献
同	永和元	其王来朝京師 帝作黄門鼓舞吹	国来朝
同	延熹 4	遣使朝賀貢献	王遣使来献
同	熹平 3	復奉章貢献	国遣使貢献
高句麗	建武 8	遣使朝貢	王遣使奉貢
同	永初 3		遣使貢献
同	永初 5	宮遣使貢献	遣使貢献
倭	建武中元 2	倭奴国奉貢朝賀 光武賜以 印綬	中元 2 倭奴国王遣使奉献
同	永初元	倭国王帥升等献生	倭国遣使奉献
匈奴	建武 14		遣使奉献
北匈奴	建武 27		遣使詣武威乞和親
同	建武 28	遣使詣闕貢馬	遣使貢献乞和親
同	建武 31	復遣使如前乃璽書	遣使奉献獅子扶抜
同	章和 2		国遣使献

同	永元 2		遣使稱臣
同	永元 16		遣使稱臣貢献
同	元興元		遣使稱臣詔敦煌
拘彌	永建 4		国遣使貢献
同	永建 5		国遣使
南單于	建武 25	遣使詣闕奉藩稱臣献国珍宝	遣使詣闕貢献
同	建武 26	遣子入侍奉奏闕詔賜單于冠帯衣裳黄金璽黄	
北單于	建武 27	遂遣使詣武威	
同	永元元		献弟右貢献温禺鞮王奉奏貢献
莎車	永建 5	使倶詣闕貢献	国王皆奉使貢献
同	建武 17	賢復献使貢献	国遣使貢献
鄯善	建武 14	王安並遣使詣闕貢献	
同	建武 21		十六国皆献子入侍奉献
同	漢安 2		国遣使貢献
車師	建武 21	18 国倶遣子入侍献其珍宝	十六国皆献子入侍奉献
同	永元 2	前後王遣子奏貢入侍並 印綬金帛	前後王並遣子入侍
賢	建武 14	遣使詣闕貢献	
同	建武 17	復遣使奉献請護帝乃因其使	賜賢西域 印綬
疏勒	永建 2	遣使奉献	国遣使奉献
同	永建 5		国王皆奉使貢献
同	陽嘉元	遣疏勒王臣槃	
同	陽嘉 2		国献師子封牛
臣磐	永建 2	遣使奉献	
同	陽嘉 2	復献師子封牛	
大宛	永建 5	使倶詣闕貢献	国王皆奉使貢献
同	建武 21	使貢献	
葉調	永建 6	王便遣使貢献賜調弁 金印紫綬	国遣使貢献

揮	永建6		国遣使貢献
同	永寧元	国王雍由調復遣使詣闕 朝賀献薬	遣使貢献
同	永元9	国王雍由調復遣重奉国珍宝 和帝賜**金印紫綬**小君長印綬	国重譯奉貢
于闐	永建6	王放前遣侍子詣闕貢献	王遣侍子貢献
同	同	于眞王放前遣侍子詣闕貢献	王遣侍子詣闕貢献
安息	章和元	遣使献獅子	
同	章和2		国遣使献獅子扶抜
同	永元6	諸国至于臨海瀬四万里外皆重譯貢献	
同	永元13	王満屈復献獅子	国遣使献獅子
大秦	延熹9	王安敦煌使自日南徼外献象牙	
天竺	延熹4		国来献

　この表からわかったことは

① 帝紀は主に朝賀に来たかどうかを、そして列伝ではその状況を少し詳しく記録しています

② 帝紀に書かれているが列伝にないものと、列伝に書かれているが帝紀にないものがあります

③ 金印紫綬と印綬を**書き分け**ています

④ 印綬と書かれている国は扶余、**倭**、車師、賢、揮の五か国です

⑤ 金印紫綬と書かれている国は**葉調**と**揮**の二か国だけです

　　ただし東観漢記には葉調邑君に紫綬としか書かれておらず違いがありますが、古い東観漢記の方に信憑性があると思います。

　などです。ここで一番重要なのは金印紫綬と単なる印綬との違いで、倭には印綬しか下賜されていないことです。印綬とは広辞苑には「官印に身につけるための組み紐」と熟語として記されているのに、志賀島で金の印章が見つかったことからこれを「印と紐」しかも「金印と

127

紫の紐」とするとんでもない拡大解釈がまかり通っています。「〔1〕一、1」で述べたように漢字の使い分けは厳しくて、もしその拡大解釈が正しいのなら何も二つの用語を書き分ける必要がないはずです。

　陳寿は卑弥呼に金印紫綬、難升米（ナンショウマイ）と都市牛利（トシゴリ）に銀印青綬を賜るとしたことから、百歩譲って「印と紐」と解釈しても単なる「印綬」だけではどのような印と紐なのかわからないのでその解釈の妥当性はないでしょう。

　これに対して「印の紐」ではただ紐だけで、まるで菓子が入っていない菓子箱しかもらえなかったということになり、それでは失礼に当たるとも思える土産などは考えられず、金か銀かという具体的なことは伏して一般的な意味で使っているという反論があります。そう言われてみるとそのような気がしないでもありませんが、金製品を下賜する用例として扶余には印綬金綵そして車師には印綬金帛と細かく分けているのを見ると、一般的な意味で使うことはないと思います。もっと重みのある傍証として、まず後漢書列伝・西域の章で光武帝は建武17年に使者を派遣して貢献した賢（ケン）に西域都護（ツゴ）印綬及車旗黄金金錦繍（おうごんきんめんしゅう・縫い取りの布）を下賜するとしてさらに文が続いた後に漢軍印綬も下賜するとあり、印綬が金銀銅の印とは結び付かないことと印綬にも種類があることを示しています。もう一つの用例として史記・項羽本紀に「項梁（コウリョウ」はその頭を持ち、守（シュ、項梁と決闘して首を切り落とされた武将）の印綬を取り上げて自ら佩（お）びた（腰に付けた）」とあるので印綬は衣服に取り付けられる物と窺えます。

　日本では日本書紀巻五崇神の節にある「既而共授印綬為将軍」という文より将軍クラスに授けられていることがわかります。どうもこ

の人は印章を授かっていないようですし、将軍なら部下に命ずるのは口頭で十分ですから印章を使う必要性が感じられません。

日本で何度も再放送された韓国時代劇ドラマ「トンイ（東伊）」では前王妃を陰謀で降格させて新王妃になった側室の悪行が発覚して降格された場面で、印綬の返還を求められました。国が異なるしドラマなので信憑性は劣りますので参考とすると、印章を使っている場面がなく、印章の返還も求められていないことから朝鮮半島でも印綬は必ずしも印章と結びついていないことがわかります。

大陸の国への朝賀に対する皇帝側の対応をランク分けすると、確定的ではありませんが軽く扱う順からおおよそ　ⅰ担当役人が聞き置く程度　ⅱ大臣または皇帝の側近が会う　ⅲ皇帝の謁見　ⅳ布や剣などの下賜　ⅴ皇帝の印章（爾）が押印された文書の下賜　ⅵ相手の称号を彫った印の下賜　ⅶ領土分けまたは領主・太守への任命というものではないでしょうか。

以上考察したところで、後漢書から**倭奴国は皇帝から金印を下賜されたとは読み取る**ことができませんとの一応の結論を得て、話を先に進めさせていただきます。

この結論は後漢書の記述が正しいとの前提の上で成り立つことですから、裏付けを得るために開き直ってもう一度范曄が後漢書を書くに当たって見た文献を考えてみます。すると今のところ可能性のある残された唯一の文献は三国志ということになります。いや、魏略だって可能性はあるかもしれません。しかし、この魏略は、原典はおろか転写本すら現存しておらずその後の文献に引用された断片しかわかりませんし、なによりも「略」が付されていますので「会要」と同様に種本を短く圧縮したものと教えています。圧縮の仕方は文献

によって異なり、大雑把に言って或る文献は種本の半分しか採らず、また或る文献は一行ごと間引いていく感じの方法が見られます。たとえば倭国への行程記述で三国志は邪馬台国まで書いていますが、他の文献に引用された魏略では伊都国までしか書かれていません。これを粗雑な略載と解するか魏略の時は伊都国までしかわからなかったのか、それとも引用した文献がきちんと書き写さなかったのかいずれなのか定かではありませんが、種本を見つけられない以上略の付いた魏略の正確性を保証できないことを示しています。

　でも三国志を後漢書の鑑定資料とすることは、後漢は魏の時代より昔のことですから時代が違っており、昔の資料からその後の事柄を推量で検討できたとしてもその逆はとても無理、と方法論に疑念を持たれることでしょう。当然です。それでも范曄の後漢書は怪しいとの声は意外にも時々聞かれます。既に西嶋定生は1999年の著書で范曄は三国志を**参考**にして後漢書を書いたと述べています。ところが怪しむ意見はどれも具体的な証拠らしいものを提示していません。

　そこで、『真理は具体的個別的』という真理追究の原則に従って、後漢書と三国志の合致性を調べることに致します。後漢書・列伝と三国志の倭に関する記述を行ごとに対応させて、三国志から記事を流用しているかどうかその痕跡の有無をチェックしてみましょう。ただし、後漢書を基準にし、それに相当する三国志の用語や文を引っ張って対比しますので三国志の方の語順は原文と多少異なっています。まず、最初の文から始めます。

後漢書　倭在韓東南大海之中　　　依山嶋為居
三国志　倭人在帯方東南大海之中　依山嶋為国邑

　倭と倭人の違いや国邑の意味といった内容の細部の検討はさてお

きまして、文の合致性に焦点を当ててゆきます。帯方郡は 204 年に遼東に居た公孫康（コウソンコウ）が現在の平壌（ピョンヤン）辺り一帯の楽浪郡の南部を分けて新設したものですので、いつ頃の後漢を書いたのか不明ですが、後漢書で帯方と書いても間違いではなかったのに「韓」とわざわざ書いたのは三国期よりも昔であることを示すわざとらしさが感じられます。穿った見方のように思われるかもしれませんが、三国志の「為国邑」を「為居」にしているのは三国期と違って国や邑が発達していないことを示したい意図が見受けられます。もし、三国志に準拠していないのであれば全く違う文、たとえば倭はいつ頃からそう呼ばれたとか倭人の言葉や身長などを書けば良かったものの、これでは始めから怪しさを醸しています。さらに後に続く文字は

後漢書　凡百餘国　　　自武帝滅朝鮮使驛通於漢者三十許国

三国志　舊百餘国漢時有朝見者　今使譯所通三十国

　これは文字こそかなり異なっているものの文の流れは三国志を倣っていると言えないことはありません。内容について少し触れますが、陳寿は昔百余国あって漢の時代には皇帝に朝賀した者が居るとしています。この漢は前漢なのか後漢なのか定かでありません。范曄の記述では、前漢第七代皇帝の武帝が衛氏朝鮮を滅ぼした時より三十国ばかりが使驛（しえき、使者が載る馬に給餌給水するための立ち寄り場所）に通うという文の意味がすっきりしません。つまり時代は不明であり、昔百余国あったところ前漢武帝が朝鮮を滅ぼした時から三十ぐらいに減ったのか、それとも国数は変わらずに使驛する国はその中で三十ぐらいあったというのかわかりません。陳寿は使譯（使者と通訳）が通う国としており、意味するところが違います。こ

れについて後漢書の注釈を付けた李賢は劉攽（リュウハン）が言うには驛は譯を書いたに当たるのでは、と書き加えています。つまり、范曄が三国志の原典を写し間違えたと言っているわけです。双方の文の内容はともあれ、文字種と配列は酷似していると言ってよろしいのではないでしょうか。

後漢書　国皆称王世世伝統其大倭王　　居邪馬臺国

三国志　伊都国世有王皆統属女王国　　至邪馬壹国女王所都

　双方の文字は少し異なっていますが、内容は極めて近いものです。文献の構文もほぼ同じです。邪馬臺国と邪馬壹国と一字が入れ替わっています。

後漢書　楽浪郡去其西北界拘邪韓国七千余里

　　　　　　　去其国万二千里

三国志　自郡至女王国万二千余里

　　　　　　　郡至倭∨到岸北岸狗邪韓国七千余里

　ここは長い文なので二行に亘っており、さらに三国志の倭と到の間の∨部分は筆者が「循海岸水行歴韓国乍南乍東」を省いています。さらに、三国志の万二千里を後漢書に合わせて狗邪韓国七千里の位置と入れ替えているほかは同じ構文で、同文と判断します。ただし、三国志は魏使が倭国に行く道程ですので「至」「到」を使っています。

後漢書　在会稽東冶之東與朱崖儋耳相近　故其法俗多同

三国志　在会稽東治之東其法俗不淫・・・與朱崖儋耳

　ここでは朱崖儋耳（シュガイタンジ）と其法俗が前後に入れ替わっているほかは構文的には異なっていませんが、内容と「冶」と「治」の文字が違っています。でもまあまあ酷似の内に入るでしょう。

　この後も同様な調子でずっと続いています。そして後漢書・倭の節

の中ほどより後半近くになった所に次の文があります。

後漢書　建武中元二<u>倭奴国</u>奉貢朝賀使人　倭国之極南界

三国志　──────────────────────────

　考察材料としては「建武中元」「倭奴国」「極南界」などが挙げられますが、ここでは後漢時代に限った事柄ですから三国志とは同一性が全くありません。当然です。ではこの文は何を見て書いたのでしょうか。薛瑩(セッポウ)撰後漢記、長宏(チョウコウ)撰後漢記、張璠(チョウハン)撰後漢紀、袁宏(エンコウ)撰後漢紀のうち袁宏撰の書で「<u>倭奴国</u>遣使奉献」を見つけました。范曄がこれを見たものと断定できませんが、「王」が付いただけの後漢書・帝紀にある「倭奴国王遣使奉献」は注視するに値します。ただ、袁宏は東晋の300年代の人物ですので、彼も前の文献を読んで書いたと思われますし、范曄も袁宏以前の書を読んだかもしれません。西嶋定生は三国志より古く書かれた謝承の後漢書にはこの記述はないので范曄が書き加えたとしていますが、袁宏の方が范曄より先ですからその指摘は間違いです。

　以降の文もずっと双方の文献は同一または酷似で書かれていますが、最後の方で突然変異を見せています。

後漢書　使驛所伝極於此矣　会稽海外外有東鯷人・・・

三国志　──────────────────────────

　ここに至って三国志にないことを書いています。

後漢書　秦始皇帝遣方士<u>徐福</u>童男女数千人入海・・・

三国志　──────────────────────────

　なぜ秦始皇帝や<u>徐福</u>を書いているのでしょうか。

後漢書　有数万家人民時至会稽市　会稽東冶県人有入海行

三国志　──────────────────────────

秦の始皇帝を書き入れるとは一体どういうことでしょうか？　徐福(ジョフク)とはBC29年にできたとされる司馬遷(シバセン)撰の史記(シキ)に徐市(ジョフツ)として登場する人物とされ、始皇帝の不老不死の薬を探しに山東半島の付け根に位置する琅邪(ロウヤ)の港から一族ら数千人を連れて船で東へ渡ったと記述されています。1982年に地理系の教授の羅其湘氏が旧徐副村を見つけ、1985年には「日中関係史論文集」に彼の徐福に関する論文を載せました。日本で王になって様々な技術や知識の普及に尽力し、国民に多大な利益をもたらしたと唱える人・団体がいます。様々な伝説で説明するものの明確な証拠がないために学術的評価は高くはありません。いったい徐福の話を持ってきた范曄の意図は何でしょう。徐福は倭に渡ったと言いたいのか、それとも三国志を引用して後漢書を書いたことがあからさまにならないように目くらまししているのでしょうか。

　以上、三国志との対比でわかったことを整理しますと

ⅰ 句や文字が前後で入れ替る程度で文章はほぼ同じである

ⅱ 似ているが異なった文字を使用。狗と拘、壹と臺、冶と治

ⅲ 後漢書には朝貢以外に後漢期独自の動植物・風俗等の事柄が記述　されてない

ⅳ 存在しない建武中元の年号を使用(建武と中元は別の年代)

ⅴ 中元の年には倭奴国、永初の年には倭国を使用

ⅵ 倭との関連が明らかではない紀元前の話が書かれている

　などです。このことから倭奴国への金印下賜を根底から否定しかねない**後漢書の信頼性の喪失**というとんでもない事態を招いてしまいました。信頼性がなくなったということは金印「漢委奴国王」が仮に後漢期に作られたとしても文献との整合性が見出されず、**漢皇帝**

から下賜された金印「漢委奴国王」はそもそも存在しない蓋然性が高いと考えられます。

　横道に逸れますが、このことから後漢書と三国志とでは字が異なる臺と壹、冶と治はいずれも後漢書の臺・冶が正しいとする思わぬ果実をもたらしました(そんなこと断言してよろしいのでしょうか?)。

四、金印の「委奴」と後漢書の「倭奴」

　後漢書・倭の節が信じられなくなったところでなお、現に金印は福岡に歴然として存在するではないか、という声が聞かれます。文献にかかわらず在る物は在るということです。

　そこで金印の文字を考察して、存在の確率を推測してみましょう。といいましても材質の分析や鏨(たがね)の打ち方の分析ではありません。筆者にそのような能力は備わっていませんし、仮にその舞台に立てば従来の収拾がつかない議論の泥沼にのめり込んでいくことになるでしょう。

　筆者は金印の「漢委奴国(イヌコク)王」と後漢書の「倭奴国(ワヌコク)」との整合性、及び「倭国王帥升」に着目していくことにします。考察点は①委は倭と同じか　②倭国王の「王」は正しいか　③「帥」とは何か、姓は何か　の三項です。

　まず①の委と倭の発音と意味について

ⅰ委も倭もヤマトと読む

ⅱ倭は人偏の人の意と旁の発音がヰの形成文字で、双方同じ発音

ⅲ委(ヰ)と倭(ウァ)は異なる発音

ⅳ委は倭の偏のイを省いた省画・減筆文字

ⅴ委は日韓正宗遡源で漢軍と戦ったとされる委氏

ⅵ 金印を彫る人が倭と委を混同

などの六つが考えられます。ⅰ「倭」は大陸の人が決めた国名ですので、「ヤマト」と発音するはずがありません。ヤマトの由来は前述の通りヘブライ語説が有力で、二字制に準じて明日香を飛鳥にしたように権力をもって強制的に読ませた感じがします。

ⅱとⅲについては、漢和辞典には倭の読み方の二番目に「イ」とあり、倭から委に音写した可能性は多少ありますが、三国期の魏の顔師古と臣瓚は倭と委の発音は違うと述べていますし先代旧事本紀で「大倭国を大和国に替える」とあるところから音写説と形成文字説は成立しないでしょう。

ⅳの省画・減筆説を唱える人は意外に多いです。なるほど三国志の始めに「俾」とあっても二回目より「卑」を用いて卑弥呼としています。しかし文献では二度以上の出字がありますが、印章ではそれはあり得ません。そこで隈田八幡宮人物画像鏡の文字の銅→同、鏡→竟、桿→旱が提示されました。いずれも偏が省かれている好例です。鏡の場合、鋳物ですから細かい模様は綺麗に凹凸が出にくいことと彫ったとすれば文字数が多いし金より硬い青銅では大変な労力が要ります。その鏡の発注主の地位や値段及び納期との関係もあって手抜きした可能性があります。それに対して金印の発注主は皇帝ですし、印章の字の線を長くしたり曲げたり、分岐させたりして手間を増やすことはあっても省くことはないので省画説は成立しないのではないでしょうか。この主張者は真理追究の原則『真理は具体的個別的』に則って、省画・減筆した古代印の例の提示が必要です。

また、ⅴの浜名が日韓正宗遡源で漢軍と戦ったと記す委氏を指す説は、裏付け資料が見つからず苦慮しています。今の段階では積極的

に肯定するわけにはいきません。

　ⅵの倭と委の混同による間違い説の考察は少し手間がかかります。班固（ハンコ）撰の「漢書」の中で知られている「楽浪海中有倭人　分為百余国　以歳時来献見云」について、三国時代の魏の如淳（ジョジュン）が入れた注釈「如墨**委面**　在東南万里」の「如墨委面」の解釈をめぐる議論の中で、西嶋が「委」を「積み重ねる」と解して「墨を顔に重ねる如し」としています。西嶋説に従って三国志・倭人の節にある黥面から思いついた**委面**国と倭奴国を混ぜこぜにして、あるいは双方から一字ずつ取って調整を図り、金印を「委奴国」としたのかもしれません。それが正しいとすると、金印は三国時代以降の制作すなわち贋作の可能性が出てきます。

　②と③を合わせた「倭国王帥升等」に進みます。「この王帥」に疑問を感じます。「帥」は姓で「升（等）」が名でしょうか。帥という字は将軍や大将の意を持つとすると、王将軍となって奇妙です。「王」が正しいとすれば、范曄の後漢書に列挙された属国の朝貢には使者を派遣しているのに倭には派遣の「遣」がないので倭のみ王が来たことになってそれも疑わしいものです。三木太郎が、「王」は誤字で「主」が正しいと述べていることにハッとさせられました。彼は三国志・韓の節にある「国邑雖有主帥」の主帥のほかに長帥や渠帥と用例を示しています。近年には元帥がよく使われました。すると姓は升、現在でも時々聞かれます。一字姓は「倭国の五王」に繋がっていることは既に述べました。北史に蠡升（レイショウ）なる人物が登場するように「〇升」という名は珍しくないのですが、「倭国　主帥　升」では西嶋が指摘する夷狄の人名の多くは複名という通例に反することになります。そこで「等」を（）で綴じたのは名前なのか複数の意なのかが

判別できないからで、名前とすれば複名になって一応解決します。もし複数の意味なら王自らの朝賀ですから伴っている家臣なのか倭国内のほかの小国の王達なのかという議論の余地があります。

　范曄がAD57年には倭奴国とし、およそ50年後には倭国としていて年月経過の変化を記録したのは、来漢した国は倭国の一部に過ぎなかった倭奴国がやがて統一した倭国なのか、それとも乱が起きて生まれた新しい国、すなわち邪馬台国が主導権を握る新生倭国なのか、范曄がどう認識していたか、などは不明です。

　ところがその倭奴国も存在が怪しくなってきたのです。というのは西嶋によると通典には倭国が大陸と通じたのは後漢が滅んだ後からとしており、しかも通典よりも前の宋書・梁書・北史・南史・隋書も同じような記述であるとしています。しかもAD57年の倭奴国による朝貢が史実であればAD82年成立の漢書に記されている筈であり、それが記されていないのは致命的と思われます。極東の遠方地の小国の存在などは朝賀があってこそ知られるもので、その記述がないということは倭奴国の朝貢の可能性が極めて小さくなったのみならず、その存在も風前の灯になってきたようです。

　いよいよ後漢書はフェイク本のレッテルが貼られかねない状況に追い込まれてきました。わずかな救いの道として、後漢書の「倭奴国」は范曄が三国志の原典を写し間違いしたのか、現存の三国志が西域で発見された三国志の残滓や後に後漢書から転写する際のミスで書き入れたのか、それとも袁宏の後漢記あるいは他の人の古代文献を鵜呑みして採り入れたのか正確にはわかっていないことを范曄の名誉のために述べておきます。漢書に記載されていないことを知らなかったということにして。

影印を集めて文献にしたものを印譜（いんぷ）と呼んでいますが、十鐘山房印挙（じっしょうさんぼういんきょ）や宣和集古印史（せんなしっこいんし）など三十冊程度ある印譜はいったいどのようにして影印を集めたのでしょうか。本物の印章を手にすることができたのか疑いがあります。鈴木勉氏は漢委奴国王と同じ工房で作られたとされる雲南省出土の滇王之印には三種の影印があると報告していますし、高倉洋影氏は「漢匈奴悪適尸逐王」を疑偽印として紹介し、卑弥呼が賜ったとされている親魏倭王の影印はネットでは十種も提示されています。はたして印譜は古代印の本物を押印して作られた信用できるものなのでしょうか。

　では、筆者は漢委奴国王の金印贋作派かといいますと、**贋作の定義がしっかりされていないので立場をはっきりできない**ということです。一万以上もある印を存在させた理由には　i 皇帝が下賜した　ii 王や役職者が部下に下賜した　iii 所有者が自ら私印として作った　iii 何者かが偽物を作った　に分けられると思います。私印には下賜されない場合や格が上ったように見せたい場合、あるいは交渉・取引・民との折衝などで信用を得たい場合のほか下賜された物はもったいないとか盗難用としてスペアを作る場合などが想定されます。鈴木氏の報告の三種の滇王之印や高倉氏紹介の漢匈奴悪適尸逐王の影印はもしかしたらスペアかもしれません。因みに鈴木氏の調べによりますと、中華共和国にある古代印章 26 個の内で墓から出土したものは僅か 8 個しかなく、ほかは発見か流通していたもので、もちろん発見ものでも真作である可能性はありますが、信頼性は劣ると言えるでしょう。とは言いましても贋作を作ったところで製作者または注文者がどのような利益を得られるか、どのような目的を持っている

かという点に素朴な疑問が投げかけられるのは当然です。その問い
の答えになっているのかわかりませんが、有名な絵の贋作を騙され
て高額で買う人は少なくありませんので、昔大名や金持ちが騙され
て買ったことは十分あり得るし、現代の一般の人は実印のほかに認
印や訂正印とか幸運を呼ぶお宝印など複数持っていますので、歴史
学上では皇帝から下賜された印章だけを対象にするのか、それとも
<u>私印は学術上では贋作になるのかをはっきりさせないで真贋論争を
しても不毛ではないでしょうか。</u>

　これまで発見された滅王之印のように頭に皇帝の国名がないのは
私印ではないかという懸念に対して、国名を入れるようになったの
は後漢以降という説や国が滅んで新しい国の皇帝は以前の国の印を
回収して自分の国の印を改めて作って下賜するので下賜された国で
出土するのは贋作の可能性があるという説は検討の余地があると言
えるでしょう。自分の出身地と絡めたり展示品を見たら美しさに魅
了されたりして、始めから贋作としてあるいは真作として心情的に
決めつけないで、科学的な検証が必要と思われます。

〔6〕 大化の改新は天家の東遷か(まだ空想的な段階の概略)

　やっと最終章に到り(紆余曲折あってようやく着いた意味でした
ね)ました。ここでは空想的段階の古代史の世界にいざないます。

　日本書紀の古代の記述は編集委員会(当初は川嶋皇子ら12名)が各
地の伝承・古い文書や外国文献の中から素材となりそうなものを集
めて、それらを部品として組み立てた物語ではないか、と筆者は捉え
ております。そこで一度物語を解体し、バラバラにして新しい部品も
加えて、物語の再構築への挑戦を志向しております。すれば今まで隠
れていた真実の一面を覗くことができると期待が生まれます。です
から再構築された物語では筑紫城に登場した人物が平城京の建設に
携わったり、武内宿祢が人物1、人物2に分けられたり、磐余彦と御
間城入彦(ミマキイリヒコ、後の崇神)が合体して磐城彦として登場
するかもしれません。しかし、これでは一層真実から遠くなるとの懸
念はまだしも、怒りを覚える方もおられるのではないかと案じます。
そのような方はもしかしたら日本書紀を鵜呑み、または民族主義の
影響を受けて信念で信じ込まれているのではないかとも案じます。

　さて、とりあえず主な部品を整理してみますと、1高天原、2辰韓、
3百済、4馬韓、5加耶、6新羅、7天降り、8対馬、9壱岐、10対馬
海峡、11渡来、12 海人族、13宗像三神社、14金の指環、15遠賀川、
16紫川、17企救、18新羅系土器、19奈良湖、20馬と騎馬民族、21
東遷、22天孫族、23男大迹、24天国排開広庭、25土着、26先着、
27筑紫城、28藤原京、29平城京、30水稲稲作、31壱伎韓国、32蘇
我親子、33ヒミ家・アメ家・アマ家、34物部、35大化の改新、36二
中歴、37勝山記、その他多数です。

大化の改新と言えば中大兄皇子と中臣鎌足による蘇我入鹿・蝦夷親子殺害事件として誰もが知っていることでしょう。最近は乙巳（イツシ）の変と呼ばれています。ところが蘇我親子とは直接関係がないとか事件否定説すら出ています。しかしどうもすっきりしません。良く調べてみたらそれもそのはず確かに世の中の改新はあったもののどうやら編集委員会の創作とは違って、本当の改新とは天家（アマ家）が東遷して確立させた天家の支配体制だと思えてきたのです。単に人の移動だけなら改新でもなんでもありませんが、統治者の系統と世の中が根底から変わったとなれば話は別です。それにしても大化の改新と磐余彦の東征を結びつけるとはあまりにも無謀、奇想天外だと呆れるかもしれません。当初は違和感が溢れている状態でしたが、次第に馴染んできました。それもそのはず、既に騎馬民族制服論が出ていてその亜流的焼き直しとも見えるからです。やがて発表したいという気持ちに駆られてきましたが、すれば狂気沙汰と言われる気がして悩みました。

そこで、まず筆者から一つ重要な問題を提起させていただきます。

　右の表でおわかりのように暦は日本書紀だけではないのです。大化は日本書紀が645年、勝山記は686年、二中歴は695年と異なっています。しかも日本書

表-7　　年号対照表

西暦	勝山記	二中歴	日本書紀
645	命長 6	命長 6	大化 1
647	常色 1	常色 1	大化 3
650	常色 4	常色 4	白雉 1
652	日智 1	白雉 1	白雉 3
661	白鳳 1	白鳳 1	なし
684	朱雀 1	朱雀 1	なし
686	大化 1	朱鳥 1	朱鳥 1
695	大長 3	大化 1	朱鳥 15

紀には年号のない年もあるのに日本書紀が史実とか二中歴は九州王朝暦と信じ込んだり、逆に九州歴として無視するのは非科学的です。

　勝山記が大化としている686年には天武が九月に死亡して皇后(持統は天武の兄とされる天智の子ですから父の弟に嫁いだことになります)の持統が即位の式をあげずに政務を執ったのです。というのは翌月には大津皇子が謀反し、じっとしていられなかったからです。では二中歴の大化の年は何があったかといいますと、持統が建設を決定した藤原京が完成し、遷京した翌年です。新しい京での政務も大化の理由と言えば言えなくはないようです。翌翌年には天皇の地位を降りています。二中歴を古田武彦は九州王朝暦としましたが、日本書紀の暦と異なるところがあるものの類似しているのでその説を支持できません。本当に九州王朝のものならまったく別なものになったでしょう。年号が類似しているのは日本書紀が採り入れたからという反論は、勝山記も同様ですから成立しないと思います。いずれの事績も日本書紀の中での話なので、大化に相応しいと認めたそれぞれ別の事績があったのかもしれません。本当の大化の改新とは一体、何だったのでしょうか。日本書紀の記述の裏に何が隠されているのか、この問題を提起しますので、究明していただきたいのです。

　これまで磐余彦の東征といいますと邪馬台国以前の古代を想定しています。纏向遺跡や豊御食炊屋姫時代の頃に輸入された干支を元にした年齢を原資とした年代で考えたものでした。その年齢も干支一運短縮、二運短縮それとも秋冬二倍年説なのか定まっていないのに。日本書紀にはかすかに奈良での磐余彦の「即位」が暗示する以外に年代を特定する用語は使われていません。それは創作故、編集委員会には思い当たらなかったのか故意だったのでしょうか。その問い

に対する教科書的な回答は、訪唐に当たって唐に卑下されないように甲寅の大昔に設定したかったというものです。干支は十二支と十支の組み合わせで60年周期ですからもっと後ろの年が考えられる筈です。そもそも干支が渡来したのは554年の欽明15年あるいはそれより少し前で、最初の暦は604年の推古12年とされており、どうしてBC660年と判断さできるのか疑問です。卑弥呼の前後と考えてしまったのは纏向への移動という説が刷り込まれていたからで、そのドグマから解き放たれますといろいろな視点が自由に沸き起こってきて、大化の改新と天家の東遷のストーリーが空想的から蓋然的、バーチャルからリアルに少しずつ変化してきました。

　まず編集委員会は、何故先祖は天に居た、そして高天原を想像したのかを考えてみます。天を考えたのは編集委員会のなにも独自の発想ではなく、エデンの園など世界各地に例があります。思うに先祖をどんどん過去に遡っていき、もう想像できない壁にぶち当たった時にそれから先は天のはるかなこととしたのではないでしょうか。よくわからないこととするには天とか神はまことに都合のよいツールです。問題なのは新唐書では、日本（大和朝廷）の使者が先祖は代々筑紫城に居た旨を唐に告げて高天原が北九州にあったなどと日本書紀と矛盾することを告白したのです。これは思うに先祖が半島から来たことを認めるのは日本の使者にとって屈辱的であり、自尊心が許さず口が裂けても言えるものではなかったのでしょう。高天原北九州説は天と天降る地が同じであって、「やって来た」ことにならないので、結果的に夜須川地域は高天原の最初の遷移地ということです。

　既にヒミ家とアメ家が百済を通り、対馬・壱岐ルートで渡って来て、北九州に国邑をつくっていました。

一方、新羅の中で虐げられた人達や王族でも敗北組の人達も九州へ渡ろうと考えて、対馬・壱岐ルートを通ろうとしたのではないでしょうか。しかし既得権を主張され、折り合いがつかなくて止むを得ず宗像辺りを根城にする海人族が半島に来た際にわたりをつけ、新しい渡来のトライルートを開拓したのでしょう。安曇族は日本書紀の中だけに存在する集団ですが、「家船」という語が残っていることから漁労と商いをする人達が居た確率は高そうです。船出は田島・辺津宮と大島・中津宮それに沖ノ島・沖津宮をほぼ直線で結んだ先、今の蔚山辺りと想像します。沖ノ島から金銅製の五弦琴・慶州雁鴨池出土の龍頭・馬具や土器・銅鏡それに新羅王族と思しき金の指環など新羅系の遺物が語っています。沖ノ島の遺物を九州から運んだ物とするには理由が見つかりませんし、海人族が財物保管場所としたとするには財物が新羅系に偏っています。このことから王権争いに負けた人達一統と判断できます。その島には一定期間滞在し、後発組を待ったのかもしれません。年代は 5 世紀頃、高天原である半島から天降った（やって来た）のです。その渡来先と思しい遠賀川流域の遺跡にはそれ以前の人の住居跡があり、新羅系の土器も出土していますので、先住民とは緊張感を持ちながらも共存したことでしょう。

　海を渡った人はまず到着場所またはその近辺で住むことができる場所に定着し、やがては周りの土着民や先着の渡来民から圧迫を受けて住みづらくなり、あるいは人が増えて横滑り状に移動または拡大し、さらに増えれば奥地そして飛び地に移っていく移動パターン通りに遠賀川流域の人口が増えるに従って東には紫川や企救半島へと横滑り的に棲息域を広げ、西には不弥国や投馬国さらには邪馬台国にも入り、一部の人は持っている先進知識や技術が重宝がられて

権力中枢に入り込めることができたのではないでしょうか。

　彼らは人口を増やし、棲息域を広げるにつれて土着または対馬ルートの先着組との軋轢が生じ、倭国内（当時は遠賀川流域や企救の一帯は倭国ではない）の心を同じくする人と共に洞海湾南岸の岡田宮から脱出したと考えますと納得できます。初代、二代目、三代目と祖先を繋ぎながら広島・岡山・兵庫そして奈良へとだんだん東に移って行ったことを金属器の出土傾向が物語っています。西から東への移動について、奈良から大宰府といった西に移動することもあるとの意見に対し、多様な側面を包含している世の中を一面からだけで言い切るのは群盲評象でありますが、川や風の流れも一部では逆流があるものの、基本的な大きな流れとして文化伝播とそれと相伴う人の移動も水のように高い所から低い所へと流れていくと答えます。

　基本的には九州からの東遷は安本氏の調べによりますと朝倉の周りの地名の約20カ所が平城京（呉音統一でヒョウジョウキョウ）の周りに遷移しているとのことで、時代と場所がほぼ特定されます。渡来した人達は馬韓・百済系（系とは当該の民及び彼らと列島の土着民との婚姻者・子孫・随伴者）が目立ちますが、千寛宇によりますと新撰姓氏録には新羅系の名もあるということです。

　やがて奈良での渡来系や近隣からの移住者が増え、諍いや権力争いも生じます。大化の改新とは高校の授業では蘇我氏が仏教を勧めたのに対し、物部氏は日本古来の信仰を守ろうとして対立したと教わりました。しかし、物部氏は土着民というより高句麗・新羅・百済の部を姓に引用した朝鮮系と考えられます。蘇我親子殺害事件は本当にあったというよりむしろ渡来の人の新羅系と馬韓・百済系それとも渡来または奈良への先着者と後着者との勢力争い・権力闘争の

一つを表現したと解せます。ほかに天渟中原瀛真人(アマノヌナハラオキノマヒト、後の天武天皇)が即位すると百済系と思われる近江の壱伎韓国(イキカラクニ)が残存の蘇我臣果安(ソガノオミタカヤス)とともに奈良に攻め込んで来たことで、馬韓・百済系と天家(新羅系)との戦いを如実に表しています。

　その奈良には既に九州を含めて近隣からもボチボチ人が移動して来ており、香芝と天理を結んだ線より南側、すなわち纒向・御所・辺りは人口密度が高くなって現代的には地価高騰・環境悪化(糞尿の臭い)で住みにくくなり、奈良市・生駒市・大和郡山といった北部に人が多く済むようになって、いわば都市開発のように平城京が作られたと想像するに難くありません。日本書紀の記述が正しいとすると、天武時代の 707 年に建設の審議が始まり、708 年には元明天皇より遷京の詔が出され、710 年 3 月に藤原京から移りました。工事期間は 1 年 4 カ月と短いのは内裏の大極殿その他小館を作った程度で、主に藤原京の移築だったからでしょう。それはとりあえず統治者が住み、行政を執る程度に過ぎず、完成には 20 年を費やした説もあります。

　ところで男大迹はなぜ五代も離れた人物なのでしょうか。遠く離れて勢力も確かでない人物を何故天皇にできたのか不思議です。しかも諡号は仁徳・雄略・崇神(応神・神武・神功など神の付く天皇は神、つまり実在しない意味か?)などからかけ離れた継体というあたかも事務手続きを想起させる、みすぼらしいものです。変です。思うに、これは血脈が切れているが繋がっていると繕いたい後世の人、すなわち編集委員会と政権が考えた創作と窺えます。正直に別の血筋としたいが天家がずっと続いていたとする基本方針を曲げるわけにはいかなかったと思われます。奈良での初めの支配者は土着人物、そ

の後の銅鐸が消滅する頃は馬韓・百済系の列島先着者で日本書紀では饒速日・長髄彦で表現され、それ以降は新羅系の天家と想定します。和風諡号で天が付くのは 19 代の天国排開庭(アマクニオシヒラクニワ、後の欽明)が最初で、いかにもアマ家の国を奈良で押し開く名にぴったりです。続いて 24, 25, 26, 27, 28, 29 代、しかも天智と天武は文字通り漢風諡号にも付いています。これで天家の支配体制がほぼ確立したとして、天淳中原瀛真人は天家の歴史すなわち日本書紀を作ることを指示したという見方は理に適っています。

　明仁氏が天皇家は朝鮮系であると認めたのは高野新笠が天皇の妃になったためとの説がありますが、外国では他の民族が襲来して新しい国を建て、やがてはまた他の民族が襲来して次の国を建てるのが通例であり、日本も例外ではないと観るのが科学的な歴史認識というものでしょう。渡来について篠田謙一氏は遺伝子解析で先ず東南アジア(海中に没したスンダランド説あり)から、3〜2 万年前に西から(ロシアのデニソワ人の遺伝子を含む)、2 万年前以降に北からと推定するものの、石器の古さは列島の中央・東北地区、次に九州・西南地区、続いて北海道地区の順であることから陸続き時代に大陸より来たとも考えられます。揚子江下流域及び朝鮮半島の北方系の人の渡来はかなり後で、土着の人達と融和・戦いまたは混合・分裂及び無視的併存を繰り返して今日まで続いてきたと言えます。天家の東遷と統治はそのプロセスの一断面と捉えられるでしょう。

　以上、アウトラインを提示しました。本章はまだ根拠希薄、誤謬が多いでしょうが、ボンヤリとでもリアリティを感じられましたら真理追究の原則『真理は誤謬を含めて発展する』に沿って誤謬を削り、新しい真理の粒を加えていただけることを期待しております。

引用・参考文献

1)邪馬台国・卑弥呼・三国志関係

新井　勝「景初二、三年問題」(九州大学応用力学研究所の対馬海峡表層海
　　　　峡監視海洋レーダーシステム)2020 倭人研 研究発表資料

井沢元彦「逆説の日本史1 古代黎明編 1998 小学館

石原通博「魏志倭人伝・後漢書倭伝・宋書倭国伝・隋書倭伝」2015(84刷)
　　　　岩波書店

伊藤雅文「邪馬台国は熊本にあった」2016 扶桑社

岩元正昭「邪馬台國への道」2011 牧歌舎

榎　一雄「邪馬台国」1978 至文堂

遠澤　葆「魏志倭人伝の航海術と邪馬台国」2004 咸山堂

汪　向栄「中国の研究者のみた邪馬台国」2007 同成社

大野佑司「卑弥呼と邪馬壹国は消されていた」2004 共信商事

大林太良「邪馬台国」1977 中公新書

奥野正男「邪馬台国はやっぱりここだった」1989 毎日新聞社

尾関　郁「三国志は一里何メートルで書かれているのか」『邪馬台国研究
　　　　最前線』2015 歴研

尾関　郁「新しい手法によるジャメイチ国の推定」2018 全国邪馬台国
　　　　連絡協議会 研究発表資料

尾関　郁「三国志・倭人の節　最新(?)解読法」2019 明治大学博物
　　　　館友の会『弥生文化研究会』研究発表資料

片岡宏二「邪馬台国　論争の新視点」2011 雄山閣

菊池秀夫「邪馬台国と狗奴国と鉄」2010 彩流社

金　文京「三国志の世界—後漢　尊語句時代」2005 講談社

黒沢一功「卑弥呼Xファイル〜」2017 たま出版

古閑炯作「『邪馬台国の都』を新しい手法で探す」2015
　　　　全国邪馬台国連絡協議会研究発表資料

生野真好「『倭人伝』を読む　消えた点と線」1999 海鳥社

白石太一郎・西川寿勝・水野正好「『邪馬台国』唐古・鍵遺跡から箸墓古墳
　　　　へ」2010 雄山閣

武光　誠「邪馬台国と大和朝廷」2004 平凡社

張　明澄「誤読だらけの邪馬台国」1992 久保書店

陳　寿　「三国志」四部備要第一八冊 1989 中華書局

陳　寿　　井波律子・今鷹真・小南一郎訳「三国志」1989 筑摩書房

道家康之助「海からみた卑弥呼女王の時代」2007 総合出版社

中島信文「蘇る『三国志魏志倭人伝』」2012 彩流社

中野雅弘「水行十日陸行一月の始点　邪馬台国の起点」『わたしの邪馬台国
　　　　論』2004 梓書院

原秀三郎「日本国家の起源と邪馬台国」2003 国民會館

平野邦雄「邪馬台国の原像」2002 学生社

福島正日子「邪馬台国も邪馬壱国もなかった」『わたしの邪馬台国論』2004
　　　　梓書院

古田武彦「邪馬壱国の論理」2010 ミネルヴァ書房

古田武彦「『邪馬台国』はなかった」2010 ミネルヴァ書房

北條芳隆「邪馬台国時代の東海勢力の思惑」2019 東アジアの古代文化を
　　　　考える会・講演資料

三木太郎「倭人伝の用語の研究」1985 多賀出版

三品彰英「民族学から見た『魏志倭人伝』」『神話と文化史』1971 平凡社

安本美典「最新　邪馬台国への道」1998 梓書院

山科　威「日本書紀・古事記編纂関係者に抹消された邪馬台国」2014
　　　　風泳社

若井敏明「邪馬台国の滅亡」2010 吉川弘文館

渡邉義浩「魏志倭人伝の謎を解く」2012 中公新書

2)その他の文献関係

安倍裕治「辰国残影」2015 ブックウェイ

家永三郎・井上光貞・大野晋・坂本太郎「日本書紀全五冊」1994 岩波書店

井上秀雄「古代朝鮮」1972 日本放送協会

今西　龍「百済史研究」1970 国書刊行会

岩田慶次「日本文化のふるさと」1991 角川

岩波書店編集委員「万葉集一新古典文学大系１」1995 岩波書店

上杉和央「近世における浪速古図の作製と受容」2002 史林八五巻二号

上田正昭「私の日本古代史(上)」2012 新潮社

宇治谷孟「日本書紀(上下)全現代訳」1988 講談社

江上波夫「騎馬民族国家」1967 中央公論社

遠沢　葆「古代帆走船のマストの位置について」2001 海洋技術研究会

大谷光男「金印口上書の問題について」2018 九州の歴史と文化を楽しむ会
　　　　講演資料

岡　正雄「異人その他」1994 岩波文庫(底本は 1979 言叢社)

尾関　郁「『神武東征物語』の輸入の元を見っけ！」2017 九州の歴史と文化
　　　　を楽しむ会　講演資料

尾関　郁「金印『漢委奴国王』はそもそも存在しない?」2019 全国邪馬台国
　　　　連絡協議会　講演資料

笠井倭人「研究史　倭の五王」1973 吉川弘文館

上垣外憲一「倭人と韓人」2003 講談社学術文庫

木本　博「『倭』の発音と地名」2018 全国邪馬台国連絡協議会研究発表資料

黒板勝美「日本書紀」日本国史大系第 1 巻 2007 吉川弘文館

黒板勝美「日本書紀私記」日本国史大系第 8 巻 2007 吉川弘文館

黒板勝美「釋日本紀」日本国史大系第 8 巻 2007 吉川弘文館

黒板勝美「續日本紀」日本国史大系第 2 巻 2007 吉川弘文館

小島憲之「上代日本文學と中国文學」1993 第 7 版塙書房

古賀達也「宇佐八幡神宮文書の九州年号」2003 古田史学会報 59 号

小山修三「縄文時代－コンピュータ考古学による復元」1984 中公新書

産経 WEST「神武・海道東征第 6 部」浪速の海 2020

篠田謙一「新版　日本人になった祖先たち」2019ＮＨＫ出版

聖徳太子「先代旧事本紀」黒板勝美編・国史大系第 7 巻 2007　吉川弘文館

白石太一郎「倭国誕生」『日本の時代史 1 』2002 吉川弘文館

角谷常子「古代東アジアの文字文化と社会」2019 臨川書店

千寛宇・金東旭「『比較』古代日本と韓国文化(上)」1980 学生社

高田貫太「海の向こうから見た倭国」2017 講談社新書

瀧音能之「謎の四世紀と倭の五王」2018 青春出版

谷川健一「日本の神々」1999 岩波新書

佃　収　「新『日本の古代史』(上)」2014 星雲社

都出比呂志「古代国家はいつ成立したか」2011 岩波新書

藤堂明保・竹田晃・影山照國「倭国伝」2010 講談社

鳥越憲三郎「古代中国と倭族」2018 中公新書

西嶋定生「倭国の出現」1999 東大出版会

浜名寛祐「神頌契丹古伝－日韓正宗遡源」1987 八幡書店
福永武彦「現代語訳 日本書紀」2005 河出書房新社
古田武彦「失われた九州王朝」2010 ミネルヴァ書房
増田精一「日本馬事文化の源流」1996 河出文庫
松前　健「日本神話の謎がよくわかる本」2007 大和書房
三品彰英「日本書紀朝鮮関係記事考証 上巻」2002 天山舎
森　公章「倭の五王」2010 山川出版
森　浩一「倭人伝を読みなおす」2002 ちくま新書
森　博達「日本書紀 書き替えの主導者は誰か」2011 中央公論社
諸橋轍次「大漢和辞典」1955 大修館
山形明郷「古代史犯罪」2010 三五館
山本敏子「『家船』の研究史」駒澤大学教育学研究論集第 32 号
吉田敦彦「日本神話の源流」1976 講談社現代新書
司馬　遷　野口定男他訳「史記・上」1978 平凡社
袁　宏　「後漢紀」四部備要第五四冊 1989 中華書局
応　劭　「風俗通義」四部備要第六三冊 1989 中華書局
王　符　「潜夫論」四部備要第五四冊 1989 中華書局
王　溥　「唐会要」961 校勘 1955 中華書局
欧陽脩・宋祁等「新唐書」四部備要第二六・二七冊 1989 中華書局
郭義恭　「廣志」陶宗儀・陶班重著『説郛』61 巻 1647 宛委山堂
魏徴・長孫無忌「隋書」第六冊 1024 版中華書局
荀　悦　「申鑒」四部備要第五四冊 1989 中華書局
沈　約　「宋書」1974 中華書局
張楚金　「翰苑」竹内理三校訂解説 1977 吉川弘文館
班固・班昭「前漢書」四部備要第一六冊 1989 中華書局
范　曄　「後漢書」四部備要第一七冊 1989 中華書局
姚思廉　「梁書」1973 中華書局
李延寿　「北史」四部備要第二三冊 1989 中華書局
李百薬　「北斎書」636 ネット『国学原典・史部・二十四史系列北斎書』
李昉等　「太平御覧」全九冊 2004 上海古籍出版
陸　機　「洛陽記」陶宗儀・陶班重著『説郛』61 巻 1647 宛委山堂
劉　安　「淮南子」四部備要第五四冊 1989 中華書局

劉　昫　「舊唐書」四部備要第二四、二五冊 1989 中華書局
劉珍等　「東観漢記」四部備要第四五冊 1989 中華書局
譚其驤主編「簡明中国歴史地図集」1985 中国地図出版社
陳介琪　「十鐘山房印挙」1985 中国書店
ネット　「印譜　親魏倭王」2019
ネット　「金印漢委奴国王　本物」2021

3)考古学関係

東　潮　「古代東アジアの鉄と倭」1999 渓水社
石川日出志「金印と弥生時代研究—問題提起にかえて」2012 明治大学考古
　　　　　学研究所紀要第 23 号
石川日出志「国宝・『漢委奴国王』金印真贋論争を終結する！」2019. 10
　　　　　リバティアカデミー記念講座　講演資料
井上義也・平田定幸「須久遺跡群」2011 考古学ジャーナル
江崎靖隆「三雲・井原遺跡」2011 考古学ジャーナル
遠藤典夫「朝鮮半島の先史考古学」2020 創英社
小畑弘己「タネをまく縄文人」2016 吉川弘文館
金関丈夫「長い弓と短い弓」『発掘から推理する』1963 朝日新聞西部版『日
　　　　本民族の起源』1982 法政大学出版
「韓半島の琉球列島産貝製品」西谷正編『漢半島考古学論叢』2002 すずさわ書店
甲元真之「東北アジアの青銅器文化と社会」2006 同成社
設楽博己「縄文社会と弥生社会」2014 敬文舎
鈴木　勉「『漢委奴国王』金印・誕生時空論みたび」2018. 5 全国邪馬台国
　　　　　連絡協議会　講演資料
高倉洋影「『漢委奴国王』金印と『親魏倭王』金印」2018 日本考古学第 46 号
寺前直人「文明に抗した弥生の人びと」2017 吉川弘文館
仁田坂聡「末盧国の国邑　千々賀遺跡」2011 考古学ジャーナル
水野正好・白石太一郎・西川寿勝「『邪馬台(ヤマト)国』唐古・鍵遺跡から
　　　　　箸墓古墳へ」2010 雄山閣
三宅米吉「考古学研究」1929 岡書院
安本美典「親魏倭王を発掘した」2013. 11 邪馬台国の会　講演資料
李　弘鐘「松菊里文化の時空的展開」西谷正編『韓半島考古学論叢』2002
　　　　　すずさわ書店

お礼

　拙い本書をお読みくださいましてありがとうございました。学生時代に先生から一つの分野で一人前と呼ばれるには千冊の本を読めと言われましたのに、古代史についてはその半分さえ達しておりません。未熟さを顧みずに出版を決心したのは、金印「親魏倭王」は卑弥呼に届けられていないことを発見したからです。それは金印「漢委奴国王」は漢の皇帝から下賜されていないとした講演を全国邪馬台国協議会で行う準備をしていた際に、ひょっとしたら「親魏倭王」も作られていないのではないかと閃き、三国志を確認した時でした。たいへん驚きました。と、同時に一刻も早く多くの方にお知らせしようと思ったからです。

　未熟者故、内容の矛盾点や資料の不足・解釈の間違いなどが多々含まれているのではないかと案じております。その点をお詫び申し上げると共に問題点のご指摘やご質問を今後の学問の発達と研究の進化に役立たせていただく上で(中傷や悪意のものはご遠慮願います)下記メール・アドレスにお送りいただけますと大変ありがたいのでよろしくお願い申し上げます(メイル kikezo@ezweb. ne. jp)。

　研究上で参考になるご意見・ご批判・資料をくださいました倭人研の皆さんと文献調べ・貸し出しにお骨折りいただいた光が丘図書館の職員並びに出版へのご指示ご鞭撻をいただいた V-2 ソリューション社の山田高広・檜岡芳行の両氏に厚くお礼を申し上げます。

2021 年 11 月 10 日

尾関　郁(おぜき　かおる)

1944年、東京世田谷に生る。幼くして父を亡くし母を養いながら高校(工)・大学(工・政)の夜間部を卒業、大学院では都市政治学を専攻。国連軍縮総会の1978年、「軍備撤廃を訴える国連アピール団」の青年部団長として訪国連。全国邪馬台国連絡協議会等の古代史の会にて研鑽し、2017年に倭人研究会の設立に参画。著書は「情報科学と社会」(共著)、「借地借家テナントトラブル対処法」他。

衝撃! 日本の古代史

2021年11月10日　初版第1刷発行

著　者　尾関　郁
発行者　谷村　勇輔
発行所　ブイツーソリューション
　　　　〒466-0848 名古屋市昭和区長戸町4-40
　　　　TEL : 052-799-7391 / FAX : 052-799-7984
発売元　星雲社 (共同出版社・流通責任出版社)
　　　　〒112-0005 東京都文京区水道1-3-30
　　　　TEL : 03-3868-3275 / FAX : 03-3868-6588
印刷所　モリモト印刷

万一、落丁乱丁のある場合は送料当社負担でお取替えいたします。ブイツーソリューション宛にお送りください。
©Kaoru Ozeki 2021　Printed in Japan　ISBN 978-4-434-29345-0